Online-Wahlen - Vom Wahlgerä

einer verfassungskonformen Neugestaltung

Europäische Hochschulschriften Recht

European University Studies in Law

Publications Universitaires Européennes de Droit

Band/Volume **6804**

Hendrik Hackmann

Online-Wahlen - Vom Wahlgeräteurteil zu einer verfassungskonformen Neugestaltung

Rechtliche und technische Möglichkeiten

PETER LANG

Berlin - Bruxelles - Chennai - Lausanne - New York - Oxford

Bibliografische Information der Deutschen Nationalbibliothek
Die Deutsche Nationalbibliothek verzeichnet diese Publikation in der Deutschen
Nationalbibliografie; detaillierte bibliografische Daten sind im Internet über
http://dnb.d-nb.de abrufbar.

Zugl.: Oldenburg, Univ., Diss., 2024

D 715
ISSN 0531-7312
ISBN 978-3-631-92523-2
E-BOOK 978-3-631-92532-4
E-PUB 978-3-631-92533-1
DOI 10.3726/b22235

© 2024 Peter Lang Group AG, Lausanne

Verlegt durch: Peter Lang GmbH, Berlin, Deutschland

info@peterlang.com www.peterlang.com

Inhaltsverzeichnis

Glossar

(D)DoS:	„(Distributed) Denial of Service"-Angriffe sind der Versuch, durch „Überlastung" der verwendeten IT- Infrastruktur, die IT-Systeme zu stören beziehungsweise die Service-bereitstellung zum Erliegen zu bringen.
Benfordsches Gesetz:	Das Benfordsche Gesetz definiert die Gesetzmäßigkeit, nach der die Verteilung z.B. von Wählerstimmen bei empirischen Datensätzen auftritt, wenn eine ausreichend große Streubreite vorhanden ist.
Blockchain:	Die Blockchain ist eine Spezialform der Distributed-Ledger-Technologie.
Brute Force Angriff:	Probieren aller möglichen Kombinationen, um die Zeichenkette zu finden, die denselben Hashwert ergibt.
Distributed – Ledger – Technologie (DLT):	Distributed-Ledger („Verteiltes Hauptbuch") ist ein System, das ohne eine zentrale Instanz Transaktionen in einem Netzwerk veränderungssicher verteilt und deren Richtigkeit prüft.
Fork:	Eine Abzweigung innerhalb einer Blockchain. Forks entstehen, wenn unterschiedliche Miner an unterschiedlichen Blöcken der Blockchain arbeiten und hierdurch unterschiedliche Ketten weiterverfolgt werden. Zur Auflösung der Forks werden die Blöcke der kürzeren Blockchain verworfen und in den Hauptstrang integriert.

Hashrate:	Rechengeschwindigkeit eines Knoten innerhalb einer Blockchain, mit der dieser Hashwerte errechnen kann.
Hashwert:	Eine Abbildung einer beliebig großen Datenmenge durch einen Zielwert fester Länge.
Knoten:	Ein an einem Netzwerk teilnehmendes beliebiges Endgerät.
Man-in-the-Middle:	Ein Angreifer, der an der Kommunikation zwischen Nutzer und zentraler Instanz teilnimmt.
Merkle-Tree:	Ein Merkle-Tree, auch Hashbaum genannt, ist eine Struktur aus Hashwerten von Daten, z.b. Dokumenten, die kaskadiert gehasht werden, um hierdurch die Datenintegrität sicherzustellen.
Nonce:	Number-used-once – eine im Allgemeinen zufällige Zahl, die nur einmal verwendet wird.
P2P:	Peer-to-Peer Netzwerk – eine technische Netzwerktopologie, in der die an dem Netzwerk beteiligten Endgeräte direkt miteinander kommunizieren (jedes Endgerät mit jedem weiteren), ohne sich hierzu einer zentralen Instanz zu bedienen.
Phishing:	Der Versuch, über gefälschte E-Mails oder Webseiten an die persönlichen Informationen eines Nutzers zu kommen.
Private Key:	Privater Schlüssel in einem asymmetrischen Verschlüsselungsverfahren, der nur dem Eigentümer bekannt sein darf und zur Entschlüsselung der empfangenen Nachrichten verwendet wird.
Public Key:	Öffentlicher Schlüssel in einem asymmetrischen Verschlüsselungsverfahren, der veröffentlicht wird, damit die Nachrichten des Eigentümers damit verschlüsselt werden können.
Rainbow-Table:	Eine Liste mit Zeichenketten, die in Passwörtern häufig verwendet werden, um den Erfolg von Brute-Force-Angriffen zu erhöhen.
Round-Robin:	Rundlaufverfahren zur gleichmäßigen Verteilung von Arbeitslasten auf dezentrale Knoten.
Spoofing:	Verschleierung der Identität in Netzwerken.

Sybil-Attacke: Angreifer erhält Zugang zu mehr als 50 Prozent aller Knoten.

Turingvollstaendigkeit: Eine Programmiersprache ist turingvollständig, wenn sie alle Programme einer Turingmaschine simulieren kann.

VPN: Virtuelles privates Netzwerk – ein Netzwerk, in dem die Kommunikation der einzelnen Netzwerkknoten in einer geschützten und verschlüsselten Weise stattfindet.

Abbildungsverzeichnis

A. Blockchain – goes public.

Der deutsche Staat steht in den kommenden Jahrzehnten vor massiven Herausforderungen. Der Bürger erwartet vom Staat eine dienstleistungsorientierte, flexible Verwaltung, die seine Anliegen ernst nimmt und zeitnah bearbeitet, ohne dass er diese in einem komplizierten Verwaltungsverfahren beantragen und hierfür in ein Verwaltungsgebäude einer Stadt oder Gemeinde gehen muss. Insbesondere vor dem Hintergrund, dass heutzutage viele Vorgänge des täglichen Lebens online stattfinden und abgewickelt werden können, ist es nicht mehr vermittelbar, dass diese Verwaltungsvorgänge weiterhin persönlich beantragt werden müssen.

Hierfür muss die Arbeitsweise in den Verwaltungen stärker, als dies bisher der Fall ist, von einem antragsbezogenen hin zu einem datengetriebenen Ansatz weiterentwickelt werden. Es wird einem „digital denkenden Bürger" immer schwerer zu vermitteln sein, dass er nach einem Umzug diesen sowohl dem Einwohnermeldeamt als auch dem Straßenverkehrsamt melden, gleichzeitig selbst einen Kindergartenplatz suchen, eine neue Hundemarke und einen Anwohnerparkausweis am neuen Wohnort beantragen und den beteiligten Ämtern gleich mehrfach seine neue Wohnanschrift mitteilen muss.

Derartige Verwaltungsvorgänge wirken bereits heute anachronistisch, finden jedoch täglich tausendfach in deutschen Verwaltungen statt. Darüber hinaus existieren unterschiedliche Möglichkeiten, Verwaltungsverfahren durch künstliche Intelligenzen zu automatisieren, wie dies bereits heute durch den § 35a Verwaltungsverfahrensgesetz (VwVfG)[1] zulässig ist, wenn weder ein Ermessens- noch ein Beurteilungsspielraum existiert.

Für die Konzeption neuer, digitaler Verwaltungsprozesse eignet sich insbesondere die Distributed-Ledger-Technologie (DLT). Mithilfe dieser Technologie gelingt es, Verwaltungsregister zu digitalisieren und so in ihrer herkömmlichen Form zu ersetzen. Register wie das Zentrale Fahrerlaubnisregister (ZFER) des Kraftfahrtbundesamts enthalten beispielsweise die Information, ob ein Bürger das Recht hat, ein Fahrzeug einer bestimmten Art zu einem definierten Zeitpunkt zu führen. Wichtig ist, dass diese Information nur durch Berechtigte

---

1 Verwaltungsverfahrensgesetz i.d.F. der Bekanntmachung vom 23. Januar 2003 (BGBl. I S. 102) zuletzt geändert durch Artikel 11 Absatz 2 des Gesetzes vom 18. Juli 2017 (BGBl. I S. 2745).

verändert werden darf und die Veränderungen an dem Register nachvollzogen werden können.

Eine in der Gegenwart häufig genannte neue Anforderung ist, dass die Information dieser Register im Internet etwa bei der Buchung eines Mietwagens oder Car-Sharing-Autos verlässlich überprüft werden kann, um den Buchungsvorgang vollständig zu digitalisieren. Dieser Anwendungsfall würde sich beispielsweise sehr dafür eignen, mithilfe einer blockchainbasierten Implementierung umgesetzt zu werden.

I. Die Einbindung des Bürgers in Sachfragen

Daneben erwarten die Bürger mehr direkte Demokratie. Die Nutzer des Internets diskutieren über aktuelle politische Entwicklungen in verschiedenen sozialen Netzwerken, in Messengern oder auf den Seiten der Zeitungsverlage und bilden sich eine Meinung. Immer häufiger kann der Nutzer direkt in den Artikeln mithilfe einer Adhoc Umfrage seine Meinung kundtun und sehen, wie andere Leser des Artikels abgestimmt haben.

Der Staat muss sich perspektivisch die Frage stellen, wie er den Bürger zeitnah (ohne aufwändige und insbesondere kostspielige Abstimmungsverfahren) in die politische Entscheidungsfindung einbindet und auf diese Weise auf den Wunsch von 72 % der Bundesbürger eingeht.[2] Die neuen Formen der demokratischen Teilhabe der Bürger setzen die repräsentative Demokratie massiv unter Druck.[3] Ideen für neue Beteiligungsverfahren sind in den vergangenen Jahren vielzählig entstanden.

Darüber hinaus hat der Bürger im demokratischen Teilhabeprozess insbesondere die Pflicht, eine informierte Entscheidung zu treffen, denn nur, wenn eine solche informierte Entscheidung getroffen wird, werden direktdemokratische Elemente als ein ernstzunehmendes Gegengewicht zu einer repräsentativen Demokratie wahr- und ernstgenommen.

Bereits Immanuel Kant hat festgestellt, dass sich das Publikum selbst aufklärt, wenn die notwendigen Informationen öffentlich zugänglich sind.[4] Dass es dazu tatsächlich kommt und eine ausgewogene Beschäftigung der Internetnutzer

---

2   *RND*, Mehrheit der Deutschen will mehr direkte Demokratie, https://bit.ly/4c7xSTZ (abgerufen am 06. 06. 2024).

3   *Buchholtz*, Demokratie und Teilhabe in der digitalen Zeit, DÖV 2017, S. 1009–1016, (S. 1010).

4   *Kant*, Beantwortung der Frage: Was ist Aufklärung?, Berlinische Monatsschrift, Dezember 1784, (Rn. 485).

mit den Pro-und-Contra-Argumenten heute stattfindet darf bezweifelt werden. Hierbei ist es die Aufgabe des Staates, eine ausreichende Beschäftigung mit den Themen zu fördern und einzufordern.

Leider findet eine solche Auseinandersetzung mit den Argumenten in den gegenwärtig genutzten Beteiligungsverfahren, wie z.b. Bürgerbegehren, häufig nicht statt. Vielmehr bevorzugen die Kommunalverwaltungen die eigenen – durch den Rat mit Mehrheit verabschiedeten – Positionen und sind hierdurch leider gerade nicht neutral, wenngleich der Bürger von der Verwaltung eine solche Neutralität erwartet beziehungsweise erwarten darf.

Bei einer umfassenden, direkten, politischen Beteiligung muss dies geändert und müssen die Kommunen in die Pflicht genommen werden, denn dann können „eGovernment" und „Liquid Democracy"-Ansätze einen echten Mehrwert für die Demokratie bringen.[5] Werden derartige technische Ansätze neu durchdacht, kann ihre Realisierung in Verbindung mit verlässlichen und vertrauenswürdigen Online-Wahlverfahren zu einer besseren Bürgerbeteiligung und somit zu einer besseren Demokratie führen. Der Grundsatz *democratia est semper reformanda*, dass die Demokratie stetig reformiert werden sollte, war selten so aktuell wie in der Gegenwart, bei den unzähligen parallelen Handlungssträngen beispielsweise bei den Initiativen zur Schaffung von Modellregionen für eGovernment, bei der Erstellung und Verbreitung von Bürgerportalen, den Smart City Initiativen, Liquid Democracy Laboren und der Verprobung anderer Bürgerbeteiligungsverfahren.[6]

Ein weiteres Ziel solcher Modellregionen könnte die Erprobung neuer Bürgerbeteiligungsverfahren sein. Hierzu könnte das in dieser Arbeit beschriebene Online-Wahlverfahren in die Bürgerportale der Kommunen eingebunden werden und im Sinne der „Liquid Democracy" könnten einzelne Sachentscheidungen zeitnah auf den Bürger übertragen werden. Hierdurch wäre es möglich, die Bürger in einzelnen Sachfragen zu konsultieren und ihr Votum in die politische Entscheidungsfindung mit einzubeziehen. Hierfür entstehen bei dem hier beschriebenen Online-Wahl-Beteiligungsverfahren keine unverhältnismäßigen Kosten und insbesondere kaum zeitliche Verzögerungen.

Für die Akzeptanz des Abstimmungsergebnisses sowohl aufseiten des Bürgers als auch aufseiten des Staats bedarf es insbesondere des Vertrauens in das verwendete Wahlverfahren. Das in dieser Arbeit beschriebene Verfahren ist

---

5   *Buchholtz*, Demokratie und Teilhabe in der digitalen Zeit, DÖV 2017, S. 1009–1016, (S. 1009).

6   *Walter/Pünder/Gärditz*, Repräsentative Demokratie in der Krise?, S. 259.

unter diesen Gesichtspunkten besonders geeignet, da hierbei weder der Staat noch der Bürger einer zentralen Instanz vertrauen muss, die die Möglichkeit hätte, eine Abstimmung zu manipulieren. Die hier beschriebenen Techniken und Verfahren haben – sofern korrekt umgesetzt – das Potential, die Beteiligung der Bürger und damit die Demokratie zu verbessern. Entscheidend für den Erfolg dieses Online-Wahlverfahrens wird sein, inwieweit es dem Gesetzgeber gelingt, nach erfolgreicher Erprobung dieses Online-Wahlverfahrens – in noch zu definierenden Reallaboren – die gewonnenen Erkenntnisse in das Gesetzgebungsverfahren einfließen zu lassen, und inwieweit er hierdurch die Voraussetzungen schafft, dass sich derartige innovierte Demokratieprozesse verstetigen.

II. Reallabore als Inkubatoren

Die Aufregung rund um die Blockchain-Technologie beziehungsweise die DLT hat sich in den vergangenen Jahren gelegt. Es werden aber gerade im öffentlichen Sektor Anwendungsfälle gesucht, die über regulatorischen Vorgaben des Gesetzgebers wie das Online-Zugangsgesetz hinaus existieren und die mit der DLT gelöst werden können. In den kommunalen Verwaltungen gibt es diverse Bestrebungen, Verwaltungsverfahren sowie Register mit Unterstützung der Blockchain-Technologie neu zu gestalten. Das Spektrum dieser Ideen reicht vom Identitätsmanagement z.B. von Schülern über die Validierung von Dokumenten wie Zeugnissen bis hin zu einem Grundbuch, das auf der Blockchain-Technologie basiert.[7]

In verschiedenen Forschungsprojekten wurde die Technologie in diversen Anwendungsfällen und unter anderem im Rahmen von Landesförderungen (z.B. in NRW)[8] auch im öffentlichen Sektor erfolgreich erprobt.[9] Die unterschiedlichen Ansätze müssen im Einzelfall analysiert und evaluiert werden. In jedem dieser Anwendungsfälle müssen neben der technischen Realisierbarkeit und der Praktikabilität auch die Vor- und Nachteile der Technologie eruiert werden. Nicht jeder Anwendungsfall in der öffentlichen Verwaltung ist für

---

7   *Schürmeier:* Blockchain in deutschen Verwaltungen, in: *Stember/et al.* Aktuelle Entwicklungen zum E-Government, S. 54.

8   *Ministerium für Wirtschaft Innovation*, Land fördert mit 1,2 Millionen Euro den Aufbau eines Blockchain-Reallabors, 2019, https://bit.ly/34UND3u (abgerufen am 21.01.2023).

9   *Fraunhofer-INT*, Blockchain Reallabor im Rheinischen Revier, 2021, http://bit.ly/3J1g sxf (abgerufen am 21.01.2023).

den Einsatz der Blockchain geeignet. Dennoch hat die Technologie gerade im öffentlichen Sektor ein erhebliches Potential, Verwaltungsverfahren zu optimieren und sogar das Verhältnis zwischen Verwaltung und Bürger deutlich zu verändern.[10]

1. Gründe für den Einsatz der Blockchain-Technologie

Bei der Frage, warum eine solche Technologie eingeführt werden sollte, wird in vielen Fällen direkt auf die unterschiedlichen Anwendungsfälle mit zum Teil auch erheblicher sozialer Tragweite verwiesen. Neben den Personen, die auf der Suche nach „Zero-Trust-Lösungen" sind und bei Wahlen z.b. nicht einmal dem Staat, geschweige denn einem Plattformbetreiber, für die Wahldurchführung vertrauen, wird von anderen Personen die Ansicht vertreten, wonach die soziale Komponente einen wesentlichen Faktor darstellt, der für die Blockchain spricht. So sind Transaktionen mit einem Wert, der geringer ist als 20 Cent, für Banken unprofitabel. Wird bedacht, dass 2,2 Milliarden Menschen auf der Erde mit weniger als 1 US-Dollar am Tag auskommen müssen und 2,5 Milliarden Menschen kein Bankkonto haben, so gerät in den Blick, dass die Blockchain Möglichkeiten bietet, diese Menschen am Wirtschaftsleben teilhaben zu lassen. Da bei einer blockchainbasierenden Banktransaktion nahezu keine Transaktionskosten entstehen, können auch Kleinsttransaktionen profitabel abgewickelt werden.[11]

Ein weiterer Anwendungsfall, der aktuell an verschiedenen Stellen erprobt wird, sind selbstverwaltete Identitäten auf Basis der Blockchain-Technologie, sogenannte „Self-Sovereign-Identity (SSI)" Lösungen. In verschiedenen Schaufensterprojekten werden derartige Lösungen erarbeitet und in Reallaboren getestet. Bei diesen Lösungen pflegen Bürger ihre Daten in einem Wallet, das sich beispielsweise dezentral auf dem eigenen Smartphone befindet. Werden diese Daten beispielsweise im Rahmen des Check-in-Vorgangs in einem Hotel benötigt, entscheidet der Bürger selbst, welche Daten er dem Hotel zur Authentifizierung überträgt.[12]

---

10   *Schürmeier:* Blockchain in deutschen Verwaltungen, in: *Stember/et al.* Aktuelle Entwicklungen zum E-Government, S. 54.

11   *D. Tapscott/A. Tapscott,* Blockchain revolution: how the technology behind Bitcoin and other cryptocurrencies is changing the world, Nr. 4.

12   *Schürmeier:* Blockchain in deutschen Verwaltungen, in: *Stember/et al.* Aktuelle Entwicklungen zum E-Government, S. 57 f.

Dieses Verfahren basiert auf einer sog. „Identitätskette", wobei die Identität im ersten Schritt durch eine autorisierte Stelle, z.B. das Einwohnermeldeamt, überprüft wird. Nach der ersten einmaligen Legitimation können weitere Attribute/Angaben durch den (dann) authentifizierten Nutzer des Wallets selbstständig ergänzt werden. Die Dezentralität sorgt dafür, dass der Nutzer nicht gezwungen ist, einem zentralen Intermediär zu vertrauen und bei diesem seine Daten abzulegen (weitere Ausführungen hierzu im Rahmen der Erörterung des technischen Realisierungsvorschlags).

2. Exkurs: Behördenübergreifende Kommunikation

Aus Sicht des Autors ist ein weiterer interessanter Anwendungsfall für die DLT die behördenübergreifende Kommunikation. Durch die Nutzung der Blockchain-Technologie ist z.B. eine kreisangehörige Kommune in Form des Einwohnermeldeamts in der Lage, die Identität eines Bürgers dem Straßenverkehrsamt des Kreises zu bestätigen, ohne dass hierfür ein Datenaustausch im klassischen Sinne notwendig ist.

Hierdurch werden Kooperationen zwischen verschiedenen Gebietskörperschaften und Kommunen ermöglicht, wobei keine Daten transferiert werden müssen und es nicht zu größeren Datenansammlungen bei einzelnen Akteuren kommt. Dies ist insbesondere in einer föderalen Staatsstruktur insofern ein erheblicher Vorteil, als eine Kooperation über verschiedene Verwaltungsebenen hinweg ermöglicht wird, ohne dass eine der beteiligten Parteien einen Souveränitätsverlust befürchten muss.

III. Blockchain-Strategie der Bundesregierung

Auch die Bundesverwaltung hat im Jahr 2019 eine Strategie zur Nutzung der DLT verabschiedet.[13] Diesbezüglich hat sich die Bundesregierung das Ziel gesetzt, bis Dezember 2021 auf dem Gebiet von fünf Handlungsfeldern verschiedene Reallabore und Projekte zu fördern. Es wurden Ideen erarbeitet, welche Verwaltungsleistungen durch diese Technologie digitalisiert werden

---

13 *Bundesministerium für Wirtschaft und Energie (BMWE)*, Blockchain-Strategie der Bundesregierung. Wir stellen die Weichen für die Token-Ökonomie. https://bit.ly/3tvrxPp (abgerufen am 21.01.2023), S. 4.

können. Es wurde ein Katalog mit Einzelvorhaben erstellt, die umgesetzt wurden beziehungsweise noch umgesetzt werden sollen.[14]

Die verschiedenen Maßnahmen erstrecken sich darüber hinaus auch auf die Wirtschaft, wobei insbesondere im Hinblick die Verwaltung angemerkt wird, dass die Nutzung der Technologie nicht zum Selbstzweck werden darf. Es soll insbesondere die Sinnhaftigkeit des Technologieeinsatzes geprüft werden.[15]

---

14 *Bundesministerium für Wirtschaft und Energie (BMWE)*, Blockchain-Strategie der Bundesregierung. Wir stellen die Weichen für die Token-Ökonomie. https://bit.ly/3tvrxPp (abgerufen am 21.01.2023), S. 23.

15 *Bundesministerium für Wirtschaft und Energie (BMWE)*, Blockchain-Strategie der Bundesregierung. Wir stellen die Weichen für die Token-Ökonomie. https://bit.ly/3tvrxPp (abgerufen am 21.01.2023), S. 19 ff.

B. Blockchain als technologische Basis

Die vorliegende Dissertation enthält eine technische und eine fachliche Hinleitung zum Thema, zwecks Entfaltung der Grundlagen, die zum Verständnis der nachfolgenden Kapitel erforderlich sind. In den folgenden Kapiteln werden die juristischen Aspekte in Bezug auf die Möglichkeiten der Nutzung der Blockchain-Technologie im Kontext von Online-Wahlverfahren herausgearbeitet und die Funktionsweise des zum Patent angemeldeten Verfahrens wird beschrieben. Dabei kommt es entscheidend darauf an, sich von der Vorstellung zu verabschieden, dass Bitcoins und Blockchain dasselbe sind. Bitcoins basieren auf der Blockchain-Technologie, stellen aber nur eine einfache Anwendungsform dar.

I. Technische Einführung in die Blockchain-Technologie

Im Folgenden werden die technischen Grundlagen vereinfacht dargestellt, die zwingend benötigt werden, um die nachfolgenden Kapitel im Detail verstehen zu können.

1. Die Prüfsumme

Eine Prüfsumme – auch Hashwert genannt – ist das Ergebnis einer kryptographischen Hashfunktion. Sie ist eine Zeichenfolge fester Länge, die eine beliebige Zeichenfolge unbekannter Länge repräsentiert. Ein Hashwert ist – vereinfacht gesagt – der digitale Fingerabdruck einer beliebigen Zeichenfolge oder Datei. Ein einfaches Beispiel hierfür ist die Quersumme einer Zahl. Der Zweck der Nutzung eines Hashwerts ist die Möglichkeit, verschiedene Zeichenfolgen ohne erheblichen Zeitaufwand miteinander vergleichen zu können. Divergieren zwei Hashwerte, so unterscheiden sich auch die zugrundeliegenden Zeichenketten, welche im weiteren Verlauf erläutert werden (siehe Abb. 1). Ändert sich in einer Zeichenfolge nur ein einziges Zeichen, so entsteht ein vollständig neuer Hashwert, der mit dem vorherigen Wert an keiner Stelle übereinstimmen muss. Dies hat zur Folge, dass sich anhand von Hashwerten nicht beurteilen lässt, ob sich zwei Zeichenketten ähnlich sind. Letztere können nur auf Gleichheit geprüft werden.[16]

---

16 *Kaulartz*, Die Blockchain-Technologie Hintergründe zur Distributed Ledger Technology und zu Blockchains, CR 2016, S. 474–480, (475 f).

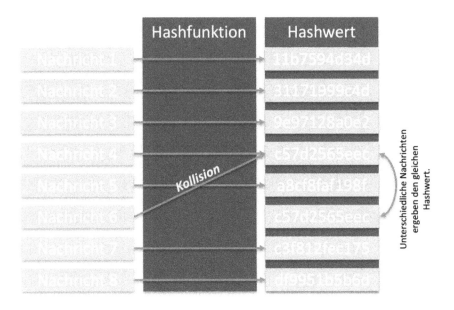

Abb. 1: Hashwerte und Hashwertkollisionen

Die Eigenschaft, dass sich bei Austausch auch nur eines einzigen Zeichens die gesamte Zeichenkette verändert, wird als Diffusionsprinzip bezeichnet.[17]

Zum Zweck der Generierung von Hashwerten wird in Blockchains vielfach die Hash-Funktion SHA-256 verwendet. Diese Funktion erzeugt durch Diffusion aus einer beliebigen Zeichenkette einen Ausgabewert mit einer fixen Zeichenlänge von 256 Bit. Dies entspricht einer Zahl mit 78 Stellen. Zum Vergleich: Die Anzahl der Sterne im Universum wird auf 10^{24} (eine Zahl mit 25 Stellen) geschätzt.[18]

Sind zwei Hashwerte hingegen gleich, bedeutet dies aufgrund der „verkürzten" Abbildung durch den Hashwert noch nicht zwangsläufig, dass die zugrundeliegenden Zeichenketten identisch sind, da zwei unterschiedliche Zeichenfolgen durchaus der gleiche Hashwert korrespondieren kann. Dies wird als Kollision der Hashwerte bezeichnet.[19] Folgende Analogie erleichtert

---

17 *Fill/Meier*, Blockchain kompakt, S. 6.
18 *DERKA*, Wie viele Sterne gibt es im Universum?, http://bit.ly/3ks4WR7 (abgerufen am 21.01.2023).
19 *Barzin/Hammer*, Zentrale Bausteine der Informationssicherheit, S. 232.

das Verständnis des erläuterten Sachverhalts: Die Zahl 24 und die Zahl 15 haben die gleiche Quersumme, nämlich sechs. Ähnliches gilt auch für komplexere Hashfunktionen, wobei die Kollisionswahrscheinlichkeit bei einer üblichen Hashfunktion, wie z.b. SHA-256, sehr gering ist und diese Hashfunktion somit als kollisionsresistent gilt.[20]

Der Fund zweier Eingabewerte mit gleichen Hashwerten ist bei einer Hashfunktion des obengenannten Typs SHA-256 ein höchst unwahrscheinliches Ereignis. Diese Eingabewerte könnten zwar durch Ausprobieren mithilfe der „Brute-Force-Methode", gesucht werden, hierfür wird aber eine sehr hohe Rechenleistung benötigt. Darüber hinaus wird bei der DLT die Suche durch mehrfaches Hashen, was zur Beantwortung eines Hashrätsels notwendig ist, noch weiter erschwert. Ein solches Hashrätsel wird zur Steigerung der Komplexität hinterlegt und hierdurch die zur Manipulation einer Blockchain notwendige Rechenleistung erhöht.[21]

Hash-Algorithmen benötigen einen großen Lösungsraum und müssen so aufgebaut werden, dass durch einfaches Ausprobieren mit unterschiedlichen Eingabewerten (Brute-Force-Angriff) das Finden des richtigen Ergebniswertes praktisch unmöglich ist. Insbesondere darf es nicht möglich sein, in probabilistischer Polynomialzeit einen solchen Lösungswert zu finden. Darüber hinaus können auch veränderungssensitive Referenzen mithilfe von Hashwerten erzeugt werden. Die Daten aus der Quelle werden gehasht und als Referenz gespeichert. Anhand dieser Referenz kann der Datensatz in der Quelle jederzeit wiedergefunden werden. Wird aber entweder der Quelldatensatz oder die Referenz verändert, läuft die Referenz ins Leere. Hierdurch können Änderungen auf beiden Seiten sofort detektiert werden.[22] Diese Verfahren werden insbesondere zur Referenzierung zwischen unterschiedlichen Blockchains verwendet, so auch in dem später beschriebenen Realisierungsvorschlag.

2. Asymmetrische Verschlüsselungsverfahren

Essentiell für das Verständnis der Blockchain-Technologie ist die Kenntnis der asymmetrischen Verschlüsselungsverfahren, die dieser Technologie und

---

20 *Narayanan/et al.* Bitcoin and Cryptocurrency Technologies: A Comprehensive Introduction, S. 2 ff.
21 *Fill/Meier*, Blockchain kompakt, S. 8.
22 *Drescher*, Blockchain Grundlagen – Eine Einführung in die elementaren Konzepte in 25 Schritten, S. 101 ff.

auch vielen anderen Technologien zugrunde liegen. Bei einem asymmetrischen Verschlüsselungsverfahren wird stets ein Schlüsselpaar pro Teilnehmer verwendet, das aus einem öffentlichen und einem privaten Schlüssel besteht. Der öffentliche Schlüssel ist frei zugänglich und für jede interessierte Person verfügbar. Der private Schlüssel darf hingegen niemandem außer dem Eigentümer bekannt sein. Um dem Eigentümer eine Information zukommen zu lassen, die nur er einsehen darf, muss sie mit dem öffentlichen Schlüssel verschlüsselt werden (siehe Abb. 2). Informationen, die mit dem öffentlichen Schlüssel verschlüsselt wurden, können gleichwohl nur mit dem privaten Schlüssel entschlüsselt werden. Auf diese Weise ist sichergestellt, dass die Information vertraulich bleibt.[23]

Bei dieser Art der Kryptographie können die Verschlüsselungsverfahren und die hiermit verschlüsselten Daten veröffentlicht und die Authentizität der Daten von jedermann weltweit verifiziert werden. Experten aus aller Welt können das zugrundeliegende Verfahren prüfen und eigene Verbesserungsvorschläge einbringen, ohne dass das Sicherheitsniveau des Verfahrens hierdurch beeinträchtigt wird. Hingegen muss bei dem symmetrischen Verschlüsselungsverfahren, bei dem Sender und Empfänger den gleichen Schlüssel verwenden, der verwendete Schlüssel parallel zur verschickten Information übertragen werden. Bei einem symmetrischen Verschlüsselungsverfahren kann die Information durch jeden Kommunikationsteilnehmer gelesen werden, der in den Besitz (berechtigt oder unberechtigt) des Schlüssels und der verschlüsselten Nachricht kommt. Insbesondere wenn es mehr als einen Empfänger gibt, wird eine symmetrisch verschlüsselte Kommunikation kompliziert und unsicher. Insbesondere die Komplexität der Schlüsselverwaltung nimmt mit steigender Anzahl an Kommunikationsteilnehmern erheblich zu.[24]

---

23 *Schnabel*, Asymmetrische Kryptografie (Verschlüsselung), https://bit.ly/2RhNOdX
    (abgerufen am 21.01.2023).
24 *Meinel/Gayvoronskaya*, Blockchain, S. 18.

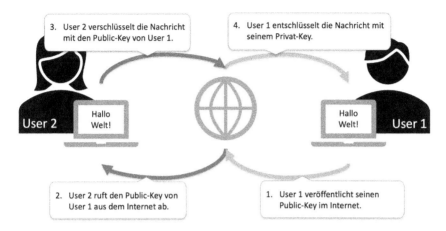

Abb. 2 Asymmetrische Public-Key-Kryptographie Asymmetrische Verfahren setzen auf Schlüsselpaare, bestehend

Asymmetrische Verfahren setzen auf Schlüsselpaare, bestehend aus öffentlichem und privatem Schlüssel, sogenannte Public-Key-Verfahren. Bei der Blockchain-Technologie finden Public-Key-Verfahren Anwendung und es werden digitale Signaturen sowie Hashfunktionen eingesetzt.[25]

3. Die Signatur

Sicherheit im Geschäftsverkehr und auch die Authentizität der an einem Geschäft beteiligten Parteien ist eine wesentliche Voraussetzung für das Funktionieren einer digitalen Wirtschaft; Vertrauen im Geschäftsverkehr ist die Basis einer jeden Transaktion zwischen den Parteien.[26] Eine Variante zur Feststellung der Authentizität der Geschäftspartner in einer Transaktion ist die Signatur. Eine Signatur ist ein mit einem privaten Schlüssel verschlüsselter Hashwert. Die Authentizität des verschlüsselten Hashwerts kann mithilfe des öffentlichen Schlüssels vom Empfänger überprüft und die Quelle der Information eindeutig identifiziert werden (siehe Abb. 3 & 4).[27]

---

25 *Meinel/Gayvoronskaya*, Blockchain, S. 18.
26 *Fill/Meier*, Blockchain kompakt, S. 11.
27 *Kaulartz*, Die Blockchain-Technologie Hintergründe zur Distributed Ledger Technology und zu Blockchains, CR 2016, S. 474–480, (475 f.).

Hierfür wird z.b. ein Hashwert des Originaldatums erzeugt und mit dem Private-Key des Absenders verschlüsselt. Weiterhin wird das Originaldatum zusätzlich mit dem Public Key des Empfängers verschlüsselt und beide Daten werden zum Empfänger geschickt. Der Empfänger kann mit seinem Private Key das Originaldatum wieder entschlüsseln, für dieses einen neuen Hashwert erzeugen und mit dem Public Key des Absenders wiederum verschlüsseln. Sind das Ergebnis dieser Operation und der mitgesandten Signatur gleich, ist die Authentizität des Absenders nachgewiesen.[28]

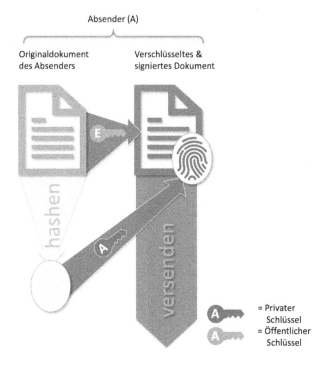

Abb. 3: Digitale Signaturen – Absenderseite

Zur sicheren Feststellung der Authentizität mithilfe der digitalen Signatur sind zwei Voraussetzungen zu erfüllen. Als Erstes muss der „Verifizierer", also derjenige, der die Authentizität überprüft, eine authentische Kopie des

---

28 *Fill/Meier*, Blockchain kompakt, S. 14.

öffentlichen Schlüssels des Senders besitzen. Darüber hinaus darf der private Schlüssel des Senders tatsächlich

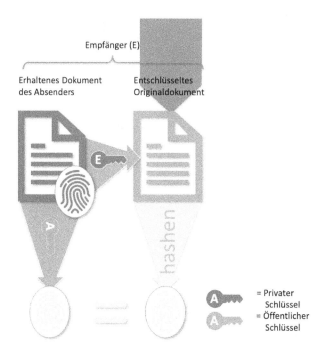

Abb. 4: Digitale Signaturen – Empfängerseite

auch nur diesem bekannt sein, da sonst ein Dritter am Geschäftsverkehr teilnehmen und das Verfahren missbräuchlich verwenden kann.[29]

4. Das dezentrale Netzwerk

Ein dezentrales Netzwerk, auch Peer-to-Peer-Netzwerk (P2P-Netzwerk) genannt, vernetzt zwei und mehr Rechner (Knoten, synonym im Blockchain-kontext auch Miner oder Peers genannt), die gleichberechtigt, autonom und sicher untereinander kommunizieren.[30]

---

29   *Barzin/Hammer*, Zentrale Bausteine der Informationssicherheit, 245.
30   *Meinel/Gayvoronskaya*, Blockchain, S. 25.

Ein solches Netz zeichnet sich dadurch aus, dass es keine zentrale, die Kommunikation regelnde Instanz gibt, sondern alle Knoten unmittelbar in einem Netzwerk miteinander kommunizieren.[31] Die Knoten in einer Blockchain können gleichzeitig Client und Server sein. Unter Client wird hierbei ein Knoten verstanden, der einen Dienst eines anderen Servers in Anspruch nimmt. Ein Server ist ein Knoten, der einen Dienst zur Nutzung anbietet.[32]

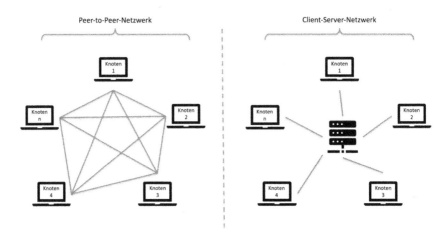

Abb. 5: Unterschied zwischen P2P-Netzwerk und Client-Server-Netzwerk

Da auf jedem Knoten die vollständige Blockchain gespeichert wird und eine Blockchain einen erheblichen Umfang annehmen kann, werden die Knoten innerhalb eines Netzwerks in verschiedene Kategorien eingeteilt. Auf der einen Seite existieren vollständige Knoten (Full Nodes), die auch Server-Knoten genannt werden, da sie sowohl die Rolle des Servers wie auch die des Clients einnehmen können. Darüber hinaus existieren reine Client-Knoten (Thin Nodes oder auch Light-Weight-Nodes), die nicht als Server fungieren können. Die vollständigen Knoten haben sowohl eingehende wie auch ausgehende Verbindungen und verifizieren neue Transaktionen. Auf den reinen Client-Knoten

---

31   *Lipinski*, Peer-to-Peer-Netz, https://bit.ly/2zPlhpe (abgerufen am 21.01.2023).
32   *Meinel/Gayvoronskaya*, Blockchain, S. 23.

werden nur Teile der Blockchain gespeichert; diese Knoten verfügen ausschließlich über ausgehende Verbindungen.[33]

5. Eine Transaktion

Unter dem Begriff Transaktion ist in dem hier behandelten Kontext stets eine
Blockchain-Transaktion zu verstehen, die darüber hinaus den Kern der Blockchain-Technologie darstellt. Eine Blockchain besteht aus unzähligen Transaktionen, die von einem Knoten zu einem anderen Knoten im P2P-Netzwerk
versandt werden. Bei einer Transaktion werden die verschiedenen vorher
beschriebenen Komponenten verwendet.

Möchte ein Teilnehmer eine Transaktion, die das Abstimmungsverhalten
einer Wählerstimme, den Abschluss eines Vertrags, eine Überweisung oder
einen sonstigen Vorgang bzw. eine sonstige Information repräsentieren kann,
an einen weiteren Teilnehmer senden, so schickt er ihm z.B. einen Datensatz,
bestehend aus dem Hashwert des öffentlichen Schlüssels und dem mit dem
öffentlichen Schlüssel verschlüsselten Hashwert der gesamten Transaktion. Die
Adresse des Empfängers ist der Hashwert seines öffentlichen Schlüssels. Zur
Feststellung der Authentizität der Nachricht durch die Empfänger sendet der
Absender seine Signatur und seinen öffentlichen Schlüssel mit.[34]

Die so erstellte Transaktion wird an die benachbarten Knoten im P2P-Netzwerk
ausgesandt, welche sie erneut überprüfen. Bei erfolgreicher Verifizierung wird
die Transaktion in den Block aufgenommen und der Block verschlüsselt. Erst
nach erfolgreicher Verschlüsselung des Blocks ist die Transaktion abgeschlossen. Jede Transaktion wird an die benachbarten Knoten im P2P-Netzwerk
sternförmig weitergeleitet.[35]

Nachdem eine Transaktion generiert wurde, wird diese an weitere verbun-
dene Knoten weitergegeben. Für die Weitergabe der Transaktion und Blöcke
existiert kein Routing. Sie wird immer an alle verbundenen Knoten weitergegeben; die Transaktionen werden durch Server-Knoten verifiziert, im Zwischenspeicher abgelegt und ebenfalls an alle verbundenen Knoten weitergegeben.
Hierdurch werden die aktuellen Transaktionen bei allen protokolliert und
somit schließlich auf jedem Server-Knoten persistiert.[36]

---

33   *Rutz*, Blockchain quo vadis – Eine Stärken-Schwächen-Analyse des Private- und
     des Public-Blockchain-Ansatzes, S. 17.
34   *Rutz*, Blockchain quo vadis – Eine Stärken-Schwächen-Analyse des Private- und
     des Public-Blockchain-Ansatzes, S. 12.
35   *Meinel/Gayvoronskaya*, Blockchain, S. 47.
36   *Meinel/Gayvoronskaya*, Blockchain, S. 47.

Ein Block gilt in der Bitcoin-Chain als gültig, wenn er bereits mindestens fünf verifizierte Nachfolgeblöcke hat. Hier liegt die Annahme zugrunde, dass ein Angreifer nicht genügend Rechenleistung aufbringen kann, um sechs Blöcke neu zu berechnen.[37]

6. Mining

Die Transaktionen, die sich in den Zwischenspeichern der Server-Knoten befinden, werden durch die vollständigen Server-Knoten in einem Block zusammengefasst und „gemined". Für die Generierung eines neuen Blocks erhält der „Gewinner-Knoten" eine Provision, allerdings nur unter der Bedingung, dass der erzeugte Block durch weitere Knoten verifiziert und in die Blockchain als Block aufgenommen wurde.[38]

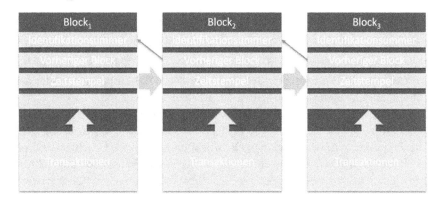

Abb. 6: Darstellung der Verkettung von Blöcken anhand von drei Blöcken

Ein Block, der in einer Fork der Blockchain aufgenommen wurde, wird nicht provisioniert. Der Hashwert des Block-Headers des vorhergehenden Blocks wird errechnet, sodass dieser den kryptographischen Anforderungen an das Ergebnis der Hash-Berechnung (Hashrätsel), dies kann z.B. eine festgelegte Anzahl führender Nullen bei einem Hashwert sein, erfüllt.[39]

---

37 *Rutz*, Blockchain quo vadis – Eine Stärken-Schwächen-Analyse des Private- und des Public-Blockchain-Ansatzes, S. 48.
38 *Fill/Meier*, Blockchain kompakt, S. 25.
39 *Rutz*, Blockchain quo vadis – Eine Stärken-Schwächen-Analyse des Private- und des Public-Blockchain-Ansatzes, S. 15.

In einem Block werden stets zwei Hashreferenzen gespeichert: Eine verweist auf den vorherigen Block, um die Reihenfolge innerhalb der und die Zugehörigkeit zur Kette zu persistieren. Für die zweite Hashreferenz wird eine Prüfsumme über alle Transaktionen eines Blocks gebildet, um herauszufinden, ob diese Transaktionen nachträglich ergänzt oder geändert wurden. Beide Referenzen sind konstitutiver Bestandteil einer Blockchain und stellen die Unveränderbarkeit einzelner Blöcke sowie der gesamten Kette sicher.[40]

Der Schwierigkeitsgrad (difficulty) des Hashrätsels in der Bitcoin-Blockchain wird regelmäßig alle zwei Wochen (bzw. nach 2016 Blöcken) überprüft und gegebenenfalls angepasst. Die Kriterien für das Blockchain-Rätsel werden so nach oben (schwieriger) oder nach unten (leichter) adaptiert, so dass weiterhin (unabhängig von der Anzahl beteiligter Knoten) das Minen eines Blocks ca. zehn Minuten dauert. Dies ist der Vorgabewert des Netzwerks, in dem ein neuer Block gefunden werden soll.[41]

Zur Speicherung der Hashwerte wird ein sogenannter Merkle-Tree verwendet, der die Hashwerte der Transaktionen in einer Baumstruktur[42] aufeinander aufbauend entsprechend der Graphentheorie referenziert.[43] Hierfür werden die Hashwerte der Quelldaten auf der untersten Ebene des Baums abgespeichert. Auf der nächsthöheren Ebene werden immer die Hashwerte von zwei Ästen ebenfalls gehasht. Hierdurch lässt sich das Originaldatum überprüfen; ferner können alle Informationen miteinander verkettet und kann die oberste Verästelung des Merkle-Trees als Repräsentant des gesamten Baums in der Blockchain abgespeichert werden.[44]

Grundsätzliche gilt in einem Blockchain-Netzwerk die Vorgabe, dass neue Blöcke abhängig vom Konsensalgorithmus (siehe auch „Die Konsensalgorithmen aus fachlicher Sicht", S. 23) zeitgesteuert generiert werden sollen. Im Bitcoin-Netzwerk werden beispielsweise ca. alle zehn Minuten neue Blöcke erzeugt. Diese Blöcke sind 1 MB groß und enthalten zwischen 900 und 2.500 Transaktionen.[45]

---

40 *Meinel/Gayvoronskaya*, Blockchain, S. 49.
41 *Rutz*, Blockchain quo vadis – Eine Stärken-Schwächen-Analyse des Private- und des Public-Blockchain-Ansatzes, S. 12.
42 *Rutz*, Blockchain quo vadis – Eine Stärken-Schwächen-Analyse des Private- und des Public-Blockchain-Ansatzes, S. 15.
43 *Meinel/Gayvoronskaya*, Blockchain, S. 49 ff.
44 *Fill/Meier*, Blockchain kompakt, S. 9 ff.
45 *Meinel/Gayvoronskaya*, Blockchain, S. 49 ff.

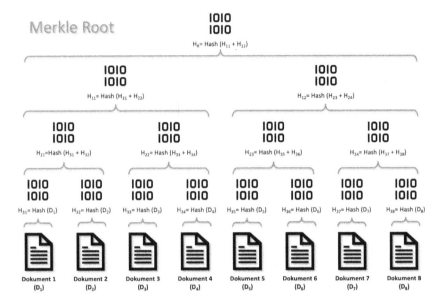

Abb. 7: Merkle-Tree/Hashbaum

Die Blöcke werden nach ihrer Generierung in einer definierten (zeitlichen) Reihenfolge der Blockchain hinzugefügt. Die Wartezeit bis ein Miner einen neuen Hashwert gefunden hat, der den Kriterien des Hash-Rätsels entspricht, und der Block gespeichert werden kann, kann mitunter eine erhebliche Zeit betragen. Der erfolgreiche Miner erhält die Transaktionsgebühren aller Transaktionen in dem jeweiligen Block.[46]

II. Fachliche Beurteilung der Blockchain-Technologie

Die Bezeichnung Blockchain deutet bereits darauf hin, dass etwas (nämlich Informationen) in Form von Blöcken gespeichert und in Ketten zusammengefasst wird. Eine Kette entsteht dadurch, dass jeder nachfolgende Block die Informationen aller vorhergehenden Blöcke der Kette in Form eines Prüfwertes enthält. Das Hinzufügen neuer Blöcke zu einer vorhandenen Kette wird als Mining bezeichnet.[47]

---

46 *Meinel/Gayvoronskaya*, Blockchain, S. 51.
47 *Schürmeier*, Blockchain in deutschen Verwaltungen, in: *Stember/et al.* Aktuelle Entwicklungen zum E-Government, S. 55.

Vereinfacht ausgedrückt ist eine Blockchain eine im Netz verteilte Datenbank und steht für ein öffentliches, digitales Register, das auf jedem Server-Knoten im Netz vollständig abgespeichert ist. Somit kommt ein solches dezentrales, öffentliches Register ohne einen Intermediär und ohne zentrale Autorität wie z.B. ein Amtsgericht oder ein Wahlamt, dem alle Beteiligten vertrauen müssen, aus (daher die Rede von einem „Zero-Trust-Model").[48] Die Daten in dieser dezentralen Datenbank sind vollständig und irreversibel verschlüsselt. Änderungen an der Blockchain sind grundsätzlich nicht vorgesehen. Die Blockchain wird bei Bedarf um neue Blöcke ergänzt, wobei ein Block beispielsweise eine Wählerstimme, eine Finanztransaktion oder einen Smart-Contract repräsentieren kann. Nach einer Ergänzung wird der neue Block von dem Emittenten und den benachbarten Knoten auf Stringenz und Authentizität überprüft. Entspricht der ergänzte Block den Anforderungen, werden die Änderungsinformationen sternförmig an alle Knoten im Netz weitergeleitet, von jedem Knoten erneut überprüft und ebenfalls in die eigene lokale Kopie der Blockchain übernommen.[49]

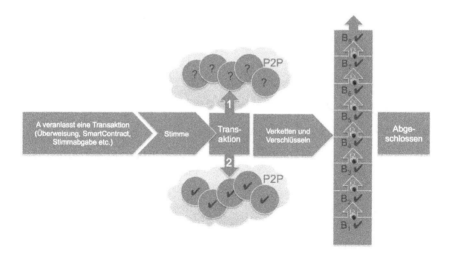

Abb. 8: Schematischer Ablauf einer Transaktion in einer Blockchain

---

48 *Mey*, Schlaue Verträge: Blockchain-Technologie beflügelt die Entwickler-Phantasien, https://bit.ly/1T6HpQG (abgerufen am 21.01.2023).

49 *Mey*, Schlaue Verträge: Blockchain-Technologie beflügelt die Entwickler-Phantasien, https://bit.ly/1T6HpQG (abgerufen am 21.01.2023).

1. Unterschiedliche Blockchain-Ansätze

Blockchains werden grob in vier unterschiedliche Kategorien unterteilt. In einer Dimension wird nach „öffentlich" und „privat" und in der zweiten Dimension nach „permissionless" und „permissioned" unterschieden. Die Unterteilung der Blockchains in privat und öffentlich ist leicht nachvollziehbar. Eine private Blockchain läuft in einer geschützten Umgebung und alle Knoten der verteilten Struktur sind in der Hoheit des Blockchain-Betreibers.

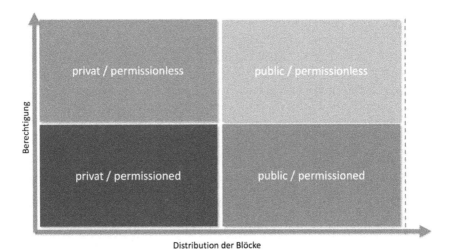

Abb. 9: Verteilungs- und Berechtigungsstruktur

Demgegenüber ist bei einer öffentlichen Blockchain die Anzahl an Knoten unbeschränkt und jeder kann einen weiteren Knoten bereitstellen und in die Blockchain einbinden. Schwieriger werden die Erläuterungen bezüglich der zweiten Dimension. „Permissionless" bedeutet in diesem Kontext, dass kein Teilnehmer der Blockchain erweiterte, administrative Rechte hat. Anders stellt sich der Sachverhalt bei einer Blockchain des Typs „permissioned" dar. Bei diesem sind die Identitäten der Teilnehmer bekannt und es besteht die Möglichkeit, eine eigene, abweichende Governance festzulegen und diese im entsprechenden Protokoll zu hinterlegen.[50]

---

50   *Allaby*, The Trust Trade-Off: Permissioned vs Permissionless Blockchains, https://bit.ly/2Nll40B (abgerufen am 21.01.2023).

2. Anforderungen an die Blockchain-Technologie

Im Vorfeld der Umsetzung von neuen Anwendungsfällen muss grundsätzlich festgelegt werden, welche Anforderungen an die Speicherung der Informationen zu stellen sind. Es stellt sich die Frage, ob Blockchain die richtige Technologie ist und, sofern dies bejaht wird, welche Implementierungsform die richtige für den konkreten Anwendungsfall ist. Soll Letzterer ohne einen Intermediären und mit Dritten betrieben werden, fällt die Wahl wahrscheinlich auf eine Public-unpermissioned-Blockchain.[51] Ist der Anwendungsfall eher unternehmensintern beziehungsweise bezogen auf einen geschlossenen Nutzerkreis, wird im Allgemeinen eine Private-permissioned-Blockchain verwendet. Ist das Ziel, dass eine Blockchain einen Intermediär substituiert, empfiehlt sich eine Public-permissionless-Blockchain. Inwieweit eine solche Blockchain im öffentlichen Sektor eingesetzt werden kann, ist allerdings fraglich und von weiteren, rechtlichen Fragestellungen, u.a. der des Datenschutzes, abhängig.[52]

In den Verwaltungen lassen sich darüber hinaus auch Smart-Contracts auf Basis der Blockchain-Technologie nutzen. Insbesondere weniger komplexe Verwaltungsvorgänge mit einfachen Entscheidungsvorgängen ohne Ermessensspielräume eignen sich dafür, diese als Smart-Contracts abzubilden.[53] Ein Smart-Contract ist ein Software-Skript, das in einer Blockchain abgespeichert wird. In Abhängigkeit vom Eintritt der im Skript hinterlegten Kriterien können die Gegenleistungen direkt ausgelöst werden, was einer automatisierten Schließung dinglicher und/oder schuldrechtlicher Verträge gleichkommt.[54] Die Skripte in diesen Smart-Contracts können in den aktuellen Technologien turingvollständig und somit individuell programmierbar sein.[55] Innerhalb von Ethereum, einer weiteren Variante der Blockchain-Technologie, kommt hierfür die Programmiersprache Solidity zum Einsatz. Es existiert ein quelloffener Compiler mit dem Namen „solc".[56]

---

51 *Schürmeier,* Blockchain in deutschen Verwaltungen, in: *Stember/et al.* Aktuelle Entwicklungen zum E-Government, S. 56.

52 *Kaulartz,* Die Blockchain in der öffentlichen Verwaltung, in: *Seckelmann,* Digitalisierte Verwaltungs, Vernetztes E-Government, Rn. 14.

53 *Kaulartz,* Die Blockchain in der öffentlichen Verwaltung, in: *Seckelmann,* Digitalisierte Verwaltungs, Vernetztes E-Government, Rn. 27.

54 *Kaulartz/J. Heckmann,* Smart Contracts – Anwendungen der Blockchain-Technologie, Computer und Recht, 618 (S. 618).

55 *Wikipedia,* Turing completeness, https://bit.ly/3fsd0vv (abgerufen am 21.01.2023).

56 *Fill/Meier,* Blockchain kompakt, S. 61 f.

Eine der entscheidenden Herausforderungen in dezentralen Systemland-schaften – anders als bei zentralisierten Architekturen – sind die ansonsten typischerweise zentral stattfindenden Prozesse wie Authentifizierung der Kno-ten und der Blockchain-Verwender und wie diese in dezentralen Umgebungen organisiert werden. Eine weitere große Herausforderung, wenn nicht sogar die größte Herausforderung in dezentralen Systemen ist, die eine „gemeinsame Wahrheit" zu ermitteln. Die Einigung der Knoten, also die Suche nach einem Konsens, kann z.b. durch böswillige Knoten erschwert werden.[57]

3. Die Konsensalgorithmen aus fachlicher Sicht

Neben dem beim Aufbau der Blockchain verwendeten Ansatz ist auch der Kon-sensalgorithmus ein wesentliches Distinktionsmerkmal verschiedener Block-chain-Implementierungen.

Es stehen unterschiedliche Konsensalgorithmen zur Verfügung, wobei der Algorithmus „Proof-of-Work" wegen seiner Verwendung in der Bitcoin-Block-chain der bekannteste ist. Bei diesem Konsensverfahren werden Manipulati-onsversuche einzelner Akteure durch das Maß erforderlicher Rechenleistung innerhalb des Blockchain-Netzwerks stark erschwert. Ein Angreifer müsste Zugang zum Netzwerk haben und mehr als 50 Prozent[58] der Knoten davon „überzeugen", dass seine Blockchain die neue „Wahrheit" darstellt. Hierzu benötigt der Angreifer die Hoheit über mehr als 50 Prozent der an der Wahr-heitsfindung beteiligten Knoten. Dies ist bei privaten Blockchains aufgrund der geschützten Umgebung, in der Knoten betrieben werden, ebenso wie bei besonders großen öffentlichen Blockchain-Netzwerken aufgrund der Menge an Knoten nahezu ausgeschlossen. Somit ist es sehr schwierig, solche Blockchains zu korrumpieren. Die besagte Art der digitalen dezentralen Konsensfindung wird nach dem Erfinder dieses Algorithmus Nakamoto-Konsens oder Proof-of-Work genannt und löst erstmalig das Problem, dass sich unbekannte Men-schen gegenseitig ohne einen vertrauenswürdigen, zentralen Intermediär nicht vertrauen. Dieses bereits in der Antike aufgetretene Problem wurde auch als „Problem der byzantinischen Generäle" bezeichnet und durch die Einführung der Blockchain gelöst.[59]

---

57   *Meinel/Gayvoronskaya*, Blockchain, S. 31.

58   *Fazekas*, in: *Boureanu/et al.* Blockchains und Distributed-Ledger-Technologien in Unternehmen, S. 62.

59   *Wiss*, Blockchain einfach erklärt, https://bit.ly/1VNpXOD (abgerufen am 21.01.2023).

Das Problem der byzantinischen Generäle wurde bei der Eroberung von Konstantinopel in der Mitte des 15. Jahrhunderts offenbar. Aufgrund der massiven Befestigung Konstantinopels war es für die Osmanen notwendig, die Stadt aus allen Richtungen gleichzeitig anzugreifen. Boten sollten die erforderliche Koordination gewährleisten. Die Konkurrenz zwischen den Generälen und daraus resultierende Manipulationsversuche führten dazu, dass Boten falsche Zeiten übermittelt bekamen; es ging darum, andere Generäle zu einem verfrühten Eingriff zu veranlassen. Die Boten gaben falsche Informationen weiter. Schlussendlich wusste keiner der Generäle mehr, welche Information authentisch war und welcher sie vertrauen konnten.[60] Der Konsensalgorithmus „Proof-of-Work" ist aufgrund seines hohen Rechenaufwands und des hohen Maßes an nicht erfolgreichen Rechenoperationen und somit seiner schlechten Umweltbilanz in den vergangenen Jahren deutlich in die Kritik geraten.

Ein anderer Konsens-Algorithmus, der primär bei privaten Blockchains Anwendung findet, ist „Proof-of-Stake" („Nachweis des Vermögensanteils"). Bei diesem Mechanismus einigen sich die Knoten im Vorfeld darauf, welcher nach Ablauf des Zeitfensters den nächsten Block suchen („minen") darf.[61] Dieser Konsens-Algorithmus stellt sicher, dass sich nur bekannte Knoten am Mining beteiligen und auch nur eine fest definierte Anzahl an Blöcken generieren dürfen. Blöcke, für deren Generierung die Miner- und Peer-Knoten keine Erlaubnis hatten, werden von den anderen Knoten des Netzwerkes verworfen.

Je mehr manipulierte Knoten ein verteiltes System vertragen kann, desto fehlertoleranter ist das System. Diese manipulierenden Knoten werden auch als byzantinische Fehler bezeichnet.[62] Eine Herausforderung bei der Herstellung des Konsenses betrifft die Anzahl beteiligter Knoten: Je mehr von diesen Teil des Netzwerks sind, desto größer ist die Anzahl der Nachrichten, die ausgetauscht werden müssen, um den Konsens zwischen den Knoten herzustellen.[63]

Der „Proof-of-Work" Konsens-Algorithmus nutzt zur Erhöhung der Fehlertoleranz ein Rechenrätsel. Hierbei wird durch bloßes Ausprobieren von vielen Hashwerten versucht, die entsprechende Zielvorgabe zu erfüllen. Ein Beispiel für ein derartiges Rechenrätsel sind führende Nullen bei einem Hashwert; der

---

60 *Graf*, Blockchain: Byzantinische Generäle und das CAP Theorem, http://bit.ly/2xVT Loy (abgerufen am 21.01.2023).
61 *Drescher*, Blockchain Grundlagen – Eine Einführung in die elementaren Konzepte in 25 Schritten, S. 248.
62 *Rutz*, Blockchain quo vadis – Eine Stärken-Schwächen-Analyse des Private- und des Public-Blockchain-Ansatzes, S. 17 f.
63 *Meinel/Gayvoronskaya*, Blockchain, S. 32.

Hashwert muss eine vorher definierte Anzahl führender Nullen aufweisen, um als Ergebnis zulässig zu sein.[64]

Bei dem Konsensalgorithmus „Proof-of-Stake" basiert die Einigung auf eine gemeinsame Wahrheit innerhalb des Blockchain-Netzwerks nicht auf der Lösung eines vorher beschriebenen Hashrätsels, sondern auf dem Vermögensanteil (Stake), den der jeweilige Knoten an einer vorher ausgegebenen digitalen Währung „hält". Hält der Knoten z.b. 2,5 % der digitalen Währung, so ist er auch dazu autorisiert, durch Mining 2,5 % der neuen Blöcke in einem Blockchain-Netzwerk zu erstellen.[65] Die ausgegebene, digitale Währung dient ausschließlich des Nachweises der Anteile einzelner Knoten in einem Blockchain-Netzwerk.

Darüber hinaus existieren auch hybride Lösungen, bei denen Proof-of-Stake- und Proof-of-Work-Algorithmen kombiniert werden. Hierbei wird der Stake eines einzelnen Peers anhand des Alters bewertet und anhand dieser Bewertungskriterien wird festgelegt, welcher Miner den nächsten Block erstellen darf.[66]

4. Forks in Blockchain-Netzwerken

Sollten bei der Suche nach einer Lösung für das Rechenrätsel in einem Proof-of-Work-Netzwerk zwei Knoten gleichzeitig zu demselben Ergebnis kommen, entstehen sogenannte Blockchain-Forks, wobei die Wahrscheinlichkeit der Entstehung einer solchen Abzweigung aufgrund der hohen Komplexität sehr gering ist. Bei einer Fork wird immer die längste Blockchain bevorzugt, so dass es für die Miner in einem Netzwerk wirtschaftlich nicht von Nutzen wäre, an der kürzeren Blockchain weiterzuarbeiten. Jeder Miner, der an einer Kette weiterarbeitet, gibt für diese Kette seine Stimme ab und erkennt diese als die Wahrheit an. Bei einer Fork gewinnt die Kette mit den meisten erhaltenen Stimmen.[67]

Beim Proof-of-Stake-Konsensalgorithmus kann es zur Verzweigung der Kette kommen, da die Miner auf allen Forks ohne Verluste neue Blöcke erzeugen. Zur Lösung des Problems wurde das Konzept zum sogenannten

---

64 *Rutz*, Blockchain quo vadis – Eine Stärken-Schwächen-Analyse des Private- und des Public-Blockchain-Ansatzes, S. 38 f.

65 *Meinel/Gayvoronskaya*, Blockchain, S. 34.

66 *Meinel/Gayvoronskaya*, Blockchain, S. 35.

67 *Rutz*, Blockchain quo vadis – Eine Stärken-Schwächen-Analyse des Private- und des Public-Blockchain-Ansatzes, S. 47.

Delegated-Proof-of-Stake-Algorithmus weiterentwickelt. Hierbei legt ein beauftragter Knoten nach vorher festgelegten Kriterien (z.B. anhand des Anteils an der digitalen Währung oder durch eine vorherige Abstimmung der beteiligten Miner) fest, welcher Miner den nächsten Block erstellen darf. Nach erfolgreicher Erstellung eines neuen Blocks müssen die anderen Peers diesen verifizieren und nach erfolgreicher Verifizierung signieren. Sollten sich Peers bösartig verhalten, werden ihre Stakes gesperrt und sie selbst von der Konsensfindung durch die verbleibenden Peers ausgeschlossen.[68] Bei anderen Konsensmechanismen, wie dem Verfahren Practical-Byzantine-Fould-Tolerance (PBFT), werden die Blöcke in einer vorher durch die Knoten vereinbarten Reihenfolge – z.B. gemäß Round-Robin – gesucht.[69]

III. Kritische Bewertung

Der Vorteil der Blockchain-Technologie liegt in der dezentralen Peer-to-Peer-Infrastruktur, die einen zentralen Angriffsvektor unmöglich macht – also keinen zentralen Angriffspunkt bietet – und hierdurch eine hohe Resilienz gegen Angriffe gewährt. Darüber hinaus bietet die verteilte Architektur gleichzeitig ein hohes Maß an Verfügbarkeit, Skalierbarkeit und Datensicherheit.

Eine weitere Stärke der Blockchain ist die Veränderungsresistenz gegen Einflüsse von innerhalb und außerhalb des Netzwerks. Die Blockchain stellt nach einmaliger Herstellung eines Konsenses und damit der Festlegung einer gemeinsamen Wahrheit innerhalb des Netzwerks sicher, dass die Daten, die Gegenstand der Einigung sind, nicht mehr geändert werden können – und dies ganz ohne eine zentrale, intermediäre Instanz.[70]

Ein Nachteil der Suche einer gemeinsamen Wahrheit ist, dass diese beim Konsensalgorithmus Proof-of-Work einen erheblichen Rechenaufwand und damit einen hohen Energieverbrauch verursacht. Jeder Miner hat eine unterschiedliche Hashrate entsprechend seiner Hardwarekonfiguration (Rechenleistung, Chipsatz etc.). Die Hashrate wird in Hash-Rechenoperationen pro Sekunde angegeben und lag am 31. Oktober 2022 bei 316 Exahashs pro Sekunde (EH/s dies entspricht 316×1018 Hashes/s).[71]

---

68 *Meinel/Gayvoronskaya*, Blockchain, S. 35.
69 *Fazekas*, in: *Boureanu/ et al.* Blockchains und Distributed-Ledger-Technologien in Unternehmen, S. 59.
70 *Fill/Meier*, Blockchain kompakt, S. 133 f.
71 *Döllel*, Bitcoin Hashrate verliert 40 Prozent über die Feiertage wegen Unwetter, http://bit.ly/3iWtktQ (abgerufen am 21.01.2023).

Bei der Bitcoin-Blockchain wird die Anzahl neu geschöpfter Blockchains alle vier Jahre halbiert (2022 waren es beispielsweise 6,25 BTC pro 10 min)[72] Der Energieverbrauch des Bitcoin-Netzwerks zur Schöpfung dieser neuen Bitcoins ist extrem hoch. Das Cambridge Centre for Alternative Finance (CCAF) schätzte die 2021 durch das Bitcoin-Netzwerks verbrauchte Strommenge auf 111 Terawattstunden (TWh). Diese Strommenge entspricht ungefähr dem Stromverbrauch der Niederlande oder Schwedens.[73]

Die Hashleistung und somit auch der Stromverbrauch des Netzwerks ist in den vergangen Jahren stark gewachsen. So hatten die einzelnen Miner im Netzwerk im Jahr 2017 noch im Durchschnitt eine Leistung von 3,5 bis 13,5 Terahash pro Sekunde und konsumierten zwischen 0,29 und 0,098 Joule pro Giga-Hash Energie. Somit hatte das Bitcoin-Netzwerk in 2017 insgesamt einen Energieverbrauch von 49 Gigawattstunden (GWh) pro Tag (18 TWh pro Jahr) bei einer Leistung von 12,3 EH/s.[74]

Die Erhöhung der Energieaufnahme des gesamten Bitcoin-Netzwerks um den Faktor 6 verweist darauf, wie stark der Energiebedarf binnen vier Jahren gestiegen ist. Gleichzeitig zeigt sie aber auch, wie viel effizienter die Miner im Netzwerk geworden sind, da die Hashleistung im gleichen Zeitraum um den Faktor 25 gestiegen ist.

Des Weiteren wird von verschiedenen Seiten ein Mangel an Datenschutz kritisiert. Die grundsätzliche Unveränderbarkeit der Blockchain verhindert als Nebeneffekt auch, dass ungewünschte Daten korrigiert werden können. Hierdurch kann auch das „Recht auf Vergessen" innerhalb der Blockchain nicht umgesetzt werden. Daten, die einmal in der Blockchain persistiert wurden, können nachträglich nicht geändert oder gelöscht werden – auch keine Daten, die falsche Informationen transportieren.[75]

Bereits auf Basis der Rechtslage zu Zeiten vor Erlass der Datenschutzgrundverordnung (DSGVO) hatte der EuGH ein „Recht auf Vergessen werden" entwickelt, aus dem der Betroffene einen Löschungsanspruch einer Information

---

72 *Klee*, Bitcoin-Halving abgeschlossen: Ab jetzt nur noch 6,25 BTC pro Block, http://bit.ly/3QXCcft (abgerufen am 21.01.2023).

73 *Scheider*, Klimakiller Bitcoin? Der Energieverbrauch im Faktencheck, http://bit.ly/3ZSmJkI (abgerufen am 21.01.2023).

74 *Meinel/Gayvoronskaya*, Blockchain, S. 55.

75 *Rutz*, Blockchain quo vadis – Eine Stärken-Schwächen-Analyse des Private- und des Public-Blockchain-Ansatzes, S. 33.

ableiten kann.[76] Dieses Recht wurde durch den Europäischen Gesetzgeber explizit in Art. 17 Abs. 2 der DSGVO niedergelegt und erweitert. An dieser Stelle besteht Rechtsunsicherheit, welche Maßnahmen der Betroffene vom Datenverarbeiter verlangen kann und welche Aufwände Letzterem zugemutet werden können, damit die personenbezogenen Daten gelöscht werden. Das Recht auf Vergessen ist bezogen auf die Blockchain-Technologie ein wesentlicher Punkt, der im Einzelfall bewertet werden muss.[77]

Bereits heute existieren in der Bitcoin-Blockchain Links auf kinderpornografische Seiten, welche in der Beschreibung der Transaktion hinterlegt wurden. Hierdurch wird der Umgang mit der Blockchain insgesamt rechtlich problematisch.[78]

---

76 *Bräutigam/Schmidt-Wudy*, Das geplante Auskunfts- und Herausgaberecht des Betroffenen nach Art. 15 der EU-Datenschutzgrundverordnung, CR 2015, S. 56–63, (S. 57 f).
77 *Spindler*, Die neue EU-Datenschutz-Grundverordnung, DB 2016, S. 937–947, (945).
78 *Fill/Meier*, Blockchain kompakt, S. 135 f.

C. Wahlen nach deutschem Recht

Gemäß Art. 20 Abs. 2 S. 2 Grundgesetz (GG)[79] geht alle Staatsgewalt vom Volke aus. Zwei Formen sind denkbar: Das Volk kann die Staatsgewalt entweder durch Wahlen oder zumindest mittelbar durch ein von ihm legitimiertes Organ ausüben. Die Wahl als solche stellt die Verbindung zwischen dem Willen des Volkes und dem der Repräsentanten her. Hierdurch ist jede Entscheidung der (mittelbar) legitimierten Abgeordneten zurückzuführen auf den Willen des Volkes und die Wahl somit zwingend für eine periodische Legitimierung in einer repräsentativen Demokratie.[80]

Art. 38 Abs. 1 S. 1 GG[81] bildet die Basis für eine Vielzahl von Wahlen in Deutschland. Das Bundesverfassungsgericht hat dies 1998 in einem Urteil „2 BvR 1953/95" wie folgt beschrieben:

> *„Gründe für eine unterschiedliche Gewichtung der Wahlrechtsgrundsätze bestehen nicht. Allen Wahlrechtsgrundsätzen ist gemeinsam, daß sie grundlegende Anforderungen an demokratische Wahlen stellen. Ihnen kommt gleichermaßen die Funktion zu, bei politischen Wahlen und Abstimmungen i.S. von Art. 20 II 2 GG das demokratische Prinzip wirksam zur Geltung zu bringen. Allgemeinheit und Gleichheit sichern die vom Demokratieprinzip vorausgesetzte Egalität der Staatsbürger. Die Geheimheit der Wahl stellt den wichtigsten institutionellen Schutz der Wahlfreiheit dar, die wiederum abdingbare Voraussetzung für die demokratische Legitimation der Gewählten ist. In diesem Zusammenhang steht schließlich auch die Forderung nach unmittelbarer Wahl, weil diese den Wählerwillen am sinnvollsten zum Ausdruck kommen läßt."* [82]

Darüber hinaus ist der Deutsche Bundestag das einzige unmittelbar durch das Volk gewählte Repräsentationsorgan auf der Ebene der Bundesrepublik. Hieraus folgt, dass Staatsgewalt in den verschiedenen Organen des Bundes nur legitim ausgeübt werden darf, wenn die Organe durch den Bundestag selbst legitimiert wurden und auf diese Weise die Legitimationskette beginnend bei der Stimmabgabe des Bürgers bis hin zur parlamentarischen Einsetzung der

---

79 Grundgesetz für die Bundesrepublik Deutschland in der im Bundesgesetzblatt Teil III, Gliederungsnummer 100-1, veröffentlichten bereinigten Fassung zuletzt geändert durch Artikel 1 des Gesetzes vom 13. Juli 2017 (BGBl. I S. 2347).

80 *Klein/Schwarz*, in: *Maunz/Dürig*, Grundgesetz: Kommentar, Art. 38 Rn. 68.

81 Grundgesetz für die Bundesrepublik Deutschland in der im Bundesgesetzblatt Teil III, Gliederungsnummer 100-1, veröffentlichten bereinigten Fassung zuletzt geändert durch Artikel 1 des Gesetzes vom 13. Juli 2017 (BGBl. I S. 2347).

82 BVerfG, Beschluss vom 16.07.1998 – 2 BvR 1953-95, NJW 1999, 43, S. 45.

Organe gewahrt ist. Gleiches gilt auch für die Parlamente und Organe in den Ländern.[83] Aus diesem Prinzip resultiert unmittelbar, dass die Legitimation aller Organe und Institutionen, die in irgendeiner Form staatliche Gewalt ausüben, im Sinne eines Zurechnungszusammenhangs lückenlos bis zum Wahlvolk rückverfolgbar sein müssen. Dieser Zurechnungszusammenhang und damit die Legitimation der Organe und Institutionen werden durch Wahlen hergestellt.[84]

Diese mittelbare Legitimationskette wäre gestört, wenn die Bundes- oder Landtagswahl als solche verfassungswidrig durchgeführt würde. Dieser Fakt betont die Bedeutung einer verfassungskonform und insbesondere fehlerfrei durchgeführten Wahl.

In diesem Kapitel wird das Thema der Wahlen im Allgemeinen beleuchtet. Neben den Wahlanwendungstypen, den verschiedenen Wahlformen, der Wahlrelevanz werden insbesondere die unterschiedlichen Wahlrechtsgrundsätze im Detail betrachtet.

I. Die unterschiedlichen Wahlanwendungstypen

Wahlanwendungstypen repräsentieren die rechtliche Konstitution der Organisation, in der gewählt wird. Hierbei muss zwischen Wahlen zu Parlamentsinstitutionen verschiedener Gebietskörperschaften (Stadtrat, Kreistag, Landtag, Bundestag, etc.)[85] und solchen zu anderen Selbstverwaltungsorganen, etwa zu Mitbestimmungsorganen oder sonstigen Organen von Wirtschaftsunternehmen, zu Studierendenvertretungen in Hochschulen, zu den Vertretungsorganen der Berufskammern und Sozialversicherungen oder den sonstigen privaten Verbänden, Vereinen oder Parteien, unterschieden werden. Die Anforderungen, die an das Wahlverfahren gestellt werden, können sich je nach Wahlanwendungstyp erheblich voneinander unterscheiden. Die strengsten rechtlichen Anforderungen ergeben sich aus der Bundestagswahl (Maximalszenario).[86]

---

83 *Klein/Schwarz*, in: *Maunz/Dürig*, Grundgesetz: Kommentar, Art. 38 Rn. 42.

84 *Böckenförde*, in: *Isensee/Kirchhof*, Handbuch des Staatsrechts Band III: Demokratie – Bundesorgane, § 34 Demokratische Willensbildung und Repräsentation Rn. 26.

85 *Jarass*, in: *Jarass/Kment*, Grundgesetz für die Bundesrepublik Deutschland – Kommentar, Art. 28 Rn. 13.

86 *Richter*, Wahlen im Internet rechtsgemäß gestalten, S. 78.

Die wesentliche Norm zur Wahl zum Deutschen Bundestag im deutschen Grundgesetz[87] ist der Art. 38, der aus drei Absätzen besteht. Eine unmittelbare Anwendung des Artikels auf weitere Wahlen ist nicht vorgesehen. Verpflichtet durch den Art. 38 Abs. 1 S. 1 GG sind gemäß den Regelungen für grundrechtsgleiche Rechte alle Träger öffentlicher Gewalt auch dann, wenn sie privatrechtlich konstituiert sind.[88] Darüber hinaus finden sich im Grundgesetz weitere Normen für die Wahl zum Bundestag. Diese unmittelbar wahlrechtsrelevanten Vorschriften sind in den Art. 20 Abs. 2, 21, 39 Abs. 1, 41, 48 und 137 GG zu finden.[89]

In mehreren Entscheidungen hat das Bundesverfassungsgericht in der Vergangenheit die Anwendbarkeit der Art. 28 Abs. 1 S. 2 und Art. 38 Abs. 1 S. 1 GG über die Wahlen zu Landesparlamenten und zum Bundestag hinaus bejaht. Unter anderem ist dies zu beziehen auf Wahlen zu Selbstverwaltungsorganen bei den Sozialversicherungsträgern[90] oder zu Personalvertretungen[91] aber auch auf weitere Wahlen zu Selbstverwaltungsorganen von Hochschulen,[92] auf Wahlen zu den Richtervertretungen[93] oder auch auf Arbeitnehmerkammern – auf Letztere insbesondere, da für die Arbeitnehmer eine Mitgliedschaft in einer Körperschaft öffentlichen Rechts zwangsweise besteht.[94]

---

87 Grundgesetz für die Bundesrepublik Deutschland in der im Bundesgesetzblatt Teil III, Gliederungsnummer 100-1, veröffentlichten bereinigten Fassung zuletzt geändert durch Artikel 1 des Gesetzes vom 13. Juli 2017 (BGBl. I S. 2347).

88 *Jarass*, in: *Jarass/Kment*, Grundgesetz für die Bundesrepublik Deutschland – Kommentar, Art. 38 Rn. 4.

89 *Klein/Schwarz*, in: *Maunz/Dürig*, Grundgesetz: Kommentar, Art. 38 Rn. 12.

90 BVerfG, Beschluss vom 24.02.1971 – 1 BvR 438, 456, 484/68, 1 BvL 40/69, NJW 1971, 1123, S. 1125.

91 BVerfG, Beschluss vom 23.03.1982 – 2 BvL 1/81, NVwZ 1982, 673, S. 673.

92 BVerfG, Beschluss vom 06.05.1970 – 2 BvR 158/70, BVerfGE 28, 220 vom 9. April 1975 – 1 BvL 6/74, BeckRS 1975, 105587, Rn. 105587.

93 BVerfG, Beschluss vom 16.12.1975 – 2 BvL 7/74, NJW 1976, 889.

94 BVerfG, Beschluss vom 22.10.1985 – 1 BvL 44/83, NJW 1986, 1093, S. 1093.

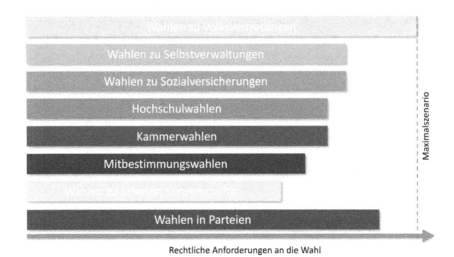

Abb. 10: Die unterschiedlichen Wahlanwendungstypen und ihre rechtlichen Anforderungen

1. Wahlen zu Volksvertretungen

Die in den Grundgesetzartikeln festgelegten Wahlrechtsgrundsätze gelten als allgemeine Rechtsprinzipien für Wahlen zum Bundestag, zu den Landtagen, zu Kreis- oder Gemeindevertretungen (staatliche und kommunale Volksvertretungen) sowie für sonstige politische Abstimmungen und Volksentscheide. In ähnlichen Bereichen wie bei den Sozial- oder Personalvertretungswahlen sind sie ebenfalls zu beachten, sollten diesbezüglich keine abweichenden Regelungen einzelgesetzlich vereinbart sein.[95]

Das rechtliche Maximalszenario ergibt sich unmittelbar aus Art. 38 Abs. 1 S. 1 GG für die Bundestagswahl und aus Art. 28 Abs. 1 S. 2 GG gleichfalls für weitere Wahlen wie Landtags- und Kommunalwahlen. Aus den Verfassungsnormen ergibt sich hingegen noch nicht, dass diese Grundsätze auch für nichtparlamentarische Wahlen Geltung haben. Dennoch entfaltet das im Grundgesetz enthaltene Demokratieprinzip grundsätzlich auch darüber hinaus seine Wirkung.[96] Hier entwickeln die allgemeinen Wahlrechtsgrundsätze

---

95   *Magiera*, in: *Sachs/et al.* Grundgesetz Kommentar, Art. 38 Rn. 79.
96   *Richter*, Wahlen im Internet rechtsgemäß gestalten, S. 152.

auch Wirkung außerhalb der Art. 28 und Art. 38 GG.[97] Das BVerfG hat betont, dass sie insbesondere dann umfassend anzuwenden sind, wenn es sich hierbei beispielsweise um Zwangsmitgliedschaften in einer Körperschaft handelte.[98]

In den einzelnen Bundesländern, die hinsichtlich ihrer inneren Rechtsordnung grundsätzlich dem Art. 28 Abs. 1 GG unterliegen, existieren durchaus signifikante Abweichungen, die in den jeweiligen Landesverfassungen geregelt sind. So verzichten beispielsweise die Verfassungen in Bayern, Berlin und Hessen auf den Begriff „frei". Das aktive Wahlrecht beginnt in der ganzen Bundesrepublik mit dem vollendeten 18. Lebensjahr. Das passive Wahlrecht ist in allen Bundesländern ebenfalls an die Vollendung des 18. Lebensjahrs geknüpft.[99] Das Land Hessen hat als letztes Bundesland 2018 die Wählbarkeit von 21 auf 18 herabgesetzt.[100]

Die einzelnen Verfassungen der Bundesländer enthalten ähnlich dem Art. 38 Abs. 1 S. 2 GG das Repräsentationsprinzip, dahingehend, dass die Abgeordneten der Landesparlamente Vertreter des ganzen Volkes sind und ein freies Mandat ausüben, das nicht weisungsgebunden ist. Einzelne Abweichungen sind in Art. 77 der Hessischen Landesverfassung zu finden;[101] in den Ausführungen zur Weisungsbindung in den Verfassungen Nordrhein-Westfalens[102] und Brandenburgs[103] sind die Formulierungen sowohl die Weisungsbindung als auch die Gewissensklausel betreffend etwas anders, ohne dass dies jedoch auf den rechtlichen Gehalt durchschlägt.[104]

---

97 Grundgesetz für die Bundesrepublik Deutschland in der im Bundesgesetzblatt Teil III, Gliederungsnummer 100-1, veröffentlichten bereinigten Fassung zuletzt geändert durch Artikel 1 des Gesetzes vom 13. Juli 2017 (BGBl. I S. 2347).
98 *Klein/Schwarz*, in: *Maunz/Dürig*, Grundgesetz: Kommentar, Art. 38 Rn. 82.
99 *Klein/Schwarz*, in: *Maunz/Dürig*, Grundgesetz: Kommentar, Art. 38 Rn. 23.
100 Verfassung des Landes Hessen vom 1. Dezember 1946 (GVBl. I S. 229, GVBl. 1947 S. 106, 1948 S. 68). Zuletzt geändert durch Gesetz vom 12. Dezember 2018 (GVBl. S. 752), Art. 75 Abs. 2.
101 Verfassung des Landes Hessen vom 1. Dezember 1946 (GVBl. I S. 229, GVBl. 1947 S. 106, 1948 S. 68). Zuletzt geändert durch Gesetz vom 12. Dezember 2018 (GVBl. S. 752), Art. 77.
102 Verfassung des Landes Nordrhein-Westfalen vom 28. Juni 1950 (GV. NRW. S. 127). Zuletzt geändert durch Gesetz vom 30. Juni 2020 (GV. NRW. S. 644), Art. 30 Abs. 2.
103 Verfassung des Landes Brandenburg vom 20. August 1992 (GVBl. I S. 298). Zuletzt geändert durch Gesetz vom 5. Juli 2022 (GVBl. I Nr. 19), Art. 56.
104 *Klein/Schwarz*, in: *Maunz/Dürig*, Grundgesetz: Kommentar, Art. 38 Rn. 24.

Ein Wahlsystem legt das Grundgesetz weder in Art. 38 noch in Art. 28 GG fest.[105] Die Entscheidung für ein bestimmtes Wahlsystem bleibt dem Bundesbeziehungsweise dem Landesgesetzgeber vorbehalten. Vor diesem Hintergrund wurden sowohl in den Ländern als auch im Bund ganz überwiegend eine Verbindung aus Persönlichkeits- und Verhältniswahlsystem etabliert. Das Mehrheitswahlrecht wurde von keinem Bundesland eingeführt; eine Wahlpflicht kennen ebenfalls weder Bund noch Länder.[106]

Bezüglich der Europawahl wird eine umfassende Anwendbarkeit der grundgesetzlichen Wahlrechtsgrundsätze bestritten. Das Verfassungsgericht hat dennoch die Wahlrechtsausübungs- und die Zählwertgleichheit ausdrücklich als Anforderungen festgestellt; somit existiert kein wesentlicher Unterschied zwischen den Grundsätzen der Europawahl und denen der Bundestagswahl.[107]

Artikel 14 Abs. 3 der Europäischen Verträge (EUV)[108] regelt, dass die Wahl der Mitglieder zum Europäischen Parlament in „allgemeiner, unmittelbarer, freier und geheimer Wahl" stattzufinden hat. Da die Zahl der Abgeordneten, die jeder EU-Mitgliedsstaat ins Europäische Parlament entsenden darf, im Vorhinein festgelegt ist, ist das Kriterium der Gleichheit der Wahl insofern nicht erfüllt, als gleiche Anzahlen an Wählerstimmen in unterschiedlichen Mitgliedsstaaten zu unterschiedlichen Ergebnissen gemäß Art. 14 Abs. 2 S. 3 EUV (Anzahl Abgeordneter) führen können. Die Wahl erfolgt nach den verfassungsrechtlichen Vorschriften der einzelnen EU-Mitgliedsstaaten.[109]

Mit Bezug auf den Öffentlichkeitsgrundsatz unterscheidet sich europäisches von deutschem Recht, obgleich sowohl die EU als auch die Bundesrepublik Deutschland als repräsentative Demokratien verfasst sind (Art. 10 Abs. 1 EUV beziehungsweise Art. 20 Abs. 2 GG).[110] Unterschiedlich wird hingegen die Bedeutung des Öffentlichkeitsgrundsatzes gesehen. Das Verfassungsgericht hält den Öffentlichkeitsgrundsatz für den zentralen Schutzmechanismus

---

105   Grundgesetz für die Bundesrepublik Deutschland in der im Bundesgesetzblatt Teil III, Gliederungsnummer 100-1, veröffentlichten bereinigten Fassung zuletzt geändert durch Artikel 1 des Gesetzes vom 13. Juli 2017 (BGBl. I S. 2347).

106   *Klein/Schwarz*, in: *Maunz/Dürig*, Grundgesetz: Kommentar, Art. 38 Rn. 23.

107   *Richter*, Wahlen im Internet rechtsgemäß gestalten, S. 156.

108   Vertrag über die Europäische Union Fassung aufgrund des am 01.12.2009 in Kraft getretenen Vertrages von Lissabon. Konsolidierte Fassung bekanntgemacht im ABl. EG Nr. C 115 vom 09.05.2008, S. 13.

109   *Klein/Schwarz*, in: *Maunz/Dürig*, Grundgesetz: Kommentar, Art. 38 Rn. 29.

110   *Spiecker/Bretthauer*, Die rechtliche Zulässigkeit einer Online-Wahl zur Sozialwahl, (S. 6).

bezüglich der Einhaltung auch der Wahlrechtsgrundsätze, weil, wie etwa Richter betont, der Volkssouverän bei der Bundestagswahl die Staatsmacht auf die Vertreter überträgt und deren im Parlament getroffene Entscheidungen hierdurch legitimiert sind.[111]

Die Wahlrechtsgrundsätze betreffen indes nicht nur die Wahl als solche, sondern gemäß dem „Handbuch des Staatsrechts" auch vier weitere Phasen: die Organisation der Wahlberechtigten, die Organisation der Wahlbewerbung, die Organisation des Wahlaktes und die Organisation der Stimmenwertung. Zu Letzterer zählen ausdrücklich die Ergebnisermittlung und die finale Bestimmung der gewählten Abgeordneten.[112]

Da die Wahl nicht „aus sich heraus", sondern erst durch die Ergebnisermittlung der Wahlbehörden Verbindlichkeit erlangt, muss diese final behördlich festgestellt werden, um verbindlich zu sein.[113]

2. Wahlen zu Selbstverwaltungen

Die funktionalen Selbstverwaltungen übernehmen als Körperschaften die zuständigen Entscheidungsbefugnisse ihrer Mitglieder. Die Wahlrechtsgrundsätze des Grundgesetzes wirken sich indirekt auf diesen Übertragungsvorgang aus. Die beiden Grundsätze der Allgemeinheit und der Gleichheit der Wahl wirken in Form der Chancengleichheit, soweit der Gesetzgeber die Zwangsmitgliedschaft mit Beitragspflicht vorgeschrieben hat.[114]

3. Wahlen zu Sozialversicherungen

Durch die Wahlen zu den Sozialversicherungen werden die Vertreter in den Selbstverwaltungsorganen der Sozialversicherungsträger bestimmt, die wiederum die jeweiligen Geschäftsführer und Vorstände der Sozialversicherungsträger ernennen.[115] Die genaue Zusammensetzung der Selbstverwaltungsorgane richtet sich nach § 44 Abs. 1 Nr. 1–3 Sozialgesetzbuch (SGB). IV[116]

---

111   *Richter*, Wahlen im Internet rechtsgemäß gestalten, S. 156.
112   *Meyer*, in: *Isensee/Kirchhof*, Handbuch des Staatsrechts Band III: Demokratie – Bundesorgane, § 45 Demokratische Wahl und Wahlsystem Rn. 17.
113   *Meyer*, in: *Isensee/Kirchhof*, Handbuch des Staatsrechts Band III: Demokratie – Bundesorgane, § 45 Demokratische Wahl und Wahlsystem Rn. 5.
114   BVerfG, Beschluss vom 22.10.1985 – 1 BvL 44/83, NJW 1986, 1093, S. 1093.
115   *Richter*, Wahlen im Internet rechtsgemäß gestalten, S. 158.
116   Sozialgesetzbuch (SGB) Viertes Buch (IV) – Gemeinsame Vorschriften für die Sozialversicherung – (Artikel I des Gesetzes vom 23. Dezember 1976, BGBl. I S. 3845).

Die Wahlrechtsgrundsätze sind im SGB IV zu finden. So lassen sich aus den §§ 49 Abs. 1 und 50 SGB IV die Anforderungen an die Allgemeinheit der Wahl herleiten, wobei diese ausdrücklich wie auch die Gleichheit der Stimme, deren Anwendung durch das Verfassungsgericht ebenfalls bejaht wird, ausschließlich für Versicherte der Sozialversicherungen gilt.[117] Das Stimmgewicht des Arbeitgebers wird anhand der Zahl der sozialversicherungspflichtigen Arbeitnehmer ermittelt. Der Gesetzgeber könnte grundsätzlich von den zuvor genannten Regeln für Sozialwahlen abweichen. Die Anwendung der aus dem Demokratieprinzip abgeleiteten Wahlrechtsgrundsätze ist grundsätzlich ebenfalls als verpflichtend anzusehen,[118] ohne dass hier allerdings mit derselben Strenge verfahren werden müsste, da dabei weder die generelle Übernahme von Fachaufgaben noch die abstrakte parlamentarische Vertretung der Wähler im Vordergrund steht.[119]

4. Hochschulwahlen

Das Hochschulrahmengesetz (HRG)[120] definiert in § 36 Abs. 1 HRG, wer Mitglied einer Hochschule ist. Gemäß der Norm fallen unter diese Kategorie „alle nicht nur vorübergehend oder gastweise hauptberuflich Tätigen und die eingeschriebenen Studierenden." Den Status der weiteren Hochschulangehörigen regelt das Landesrecht. Aus § 37 Abs. 1 S. 3 HRG geht hervor, dass in den Gremien Mitglieder aus allen Gruppen vertreten sein müssen. Die Länder regeln die Wahlen zu den Selbstverwaltungsorganen der Hochschule in den Landeshochschulgesetzen. Eine Ausnahme hiervon macht das Saarland.

Zu beachten ist, dass sich die Wahlrechtsgrundsätze von Landesgesetz zu Landesgesetz unterscheiden, wobei die deutschlandweite Schnittmenge der Gesetze eine freie, geheime und gleiche Wahl ist.[121] Auch bei Hochschulwahlen beschränkt sich die Gleichheit der Stimmen auf den Zählwert und erstreckt sich nicht auf den Erfolgswert. Letzterer kann entsprechend den Gruppengrößen

---

117 BVerfG, Beschluss vom 24.02.1971 – 1 BvR 438, 456, 484/68, 1 BvL 40/69, NJW 1971, 1123, S. 1125.

118 *Richter*, Wahlen im Internet rechtsgemäß gestalten, S. 158.

119 *Spiecker/Bretthauer*, Die rechtliche Zulässigkeit einer Online-Wahl zur Sozialwahl, (S. 9).

120 Hochschulrahmengesetz in der Fassung der Bekanntmachung vom 19. Januar 1999 (BGBl. I S. 18), das zuletzt durch Artikel 1 des Gesetzes vom 15. November 2019 (BGBl. I S. 1622) geändert worden ist.

121 BVerfG, Beschluss vom 06.05.1970 – 2 BvR 158/70, BVerfGE 28, 220 vom 9. April 1975 – 1 BvL 6/74, BeckRS 1975, 105587, Rn. 105587.

unterschiedlich sein. Wie auch bei den Sozialwahlen ist die Berücksichtigung des Öffentlichkeitsgrundsatzes nicht zwingend; die Nachvollziehbarkeit der Schritte des Wahlvorgangs muss aber auch bei den Hochschulwahlen grundsätzlich gewährleistet sein. Dazu genügt aber, wie Richter anmerkt, eine Expertenkontrolle.[122]

Bei den Hochschulen handelt es sich wie bei den Sozialversicherungen um öffentlich-rechtliche Körperschaften, für die eine Zwangsmitgliedschaft mit Beitragspflicht existiert. Demzufolge erstreckt sich auf sie auch die Geltung des grundgesetzlich verankerten Demokratieprinzips. Dieses Prinzip wirkt jedoch nicht unmittelbar; vielmehr muss es einfach gesetzlich konkretisiert werden, wie beispielsweise in § 13 Abs. 1 Hochschulgesetz NRW geschehen.[123]

5. Kammerwahlen

Auch die Wahlen zu den Kammern (Industrie- und Handelskammern, Handwerkskammern, Rechtsanwaltskammern etc.) haben im Wesentlichen den allgemeinen Wahlrechtsgrundsätzen zu entsprechen und müssen folglich frei, gleich und geheim sein. Die Unmittelbarkeit der Wahl ist bei einzelnen der vorgenannten Wahlen nicht vorgeschrieben; so werden beispielsweise bei den Industrie- und Handelskammern Wahlmänner gewählt, die ihre Stimme ihrerseits auf einer Vertreterversammlung abgeben.[124]

Die in diesem Kapitel betrachteten unterschiedlichen Wahlanwendungstypen haben alle gemein, dass sie öffentlich-rechtliche Körperschaften betreffen, auf die sich aufgrund der beitragspflichtigen Zwangsmitgliedschaft ihrer Mitglieder das Demokratieprinzip erstreckt,[125] dass bei ihnen jedoch anders als bei Wahlen zu Volksvertretungen generell keine Laienkontrolle des Wahlvorgangs vorgesehen ist. Vielmehr ist in diesen Fällen ebenso wie bei den Sozial- und Hochschulwahlen die Expertenkontrolle ausreichend.[126]

---

122 *Richter*, Wahlen im Internet rechtsgemäß gestalten, S. 164.
123 Gesetz über die Hochschulen des Landes Nordrhein-Westfalen (Hochschulgesetz – HG) vom 16. September 2014 (GV. NRW. S. 547) (1), zuletzt geändert durch Gesetz vom 30. Juni 2022 (GV. NRW. S. 780b).
124 *Richter*, Wahlen im Internet rechtsgemäß gestalten, S. 167 ff.
125 BVerfG, Beschluss vom 22.10.1985 – 1 BvL 44/83, NJW 1986, 1093, S. 1093.
126 *Richter*, Wahlen im Internet rechtsgemäß gestalten, S. 170.

6. Mitbestimmungswahlen

Die wesentlichen Regeln zur Zusammensetzung der Mitbestimmungsorgane in Unternehmen werden durch das Betriebsverfassungsgesetz (BetrVG)[127] getroffen. Die speziellen Regeln zur Wahl der Betriebsräte sind in der Wahlordnung zum Betriebsverfassungsgesetz (BetrVG WO)[128] enthalten.[129]

In § 14 Abs. 1 BetrVG ist festgelegt, dass die Wahl unmittelbar und geheim stattzufinden hat. Daneben gelten aber auch die weiteren Wahlrechtsgrundsätze (Allgemeinheit, Gleichheit und Freiheit der Wahl).[130] Dies geht u.a. aus den weiteren Paragrafen des BetrVG und der BetrVG WO vor. Eine geheime Stimmabgabe muss grundsätzlich möglich sein, wobei die Arbeitnehmer zugleich nicht zu einer solchen gezwungen werden können.[131]

Die Allgemeinheit bezieht sich auch bei diesem Wahlanwendungstyp auf eine konkrete Gruppe – hier auf die Arbeitnehmer, die älter sind als 18 Jahre. Die Freiheit der Wahl ist gegeben, sofern keine unzulässige Beeinflussung vor und während des Wahlvorgangs stattfindet. Die Gleichheit der Wahl bezieht sich auf den gleichen Stimmwert einer jeden abgegebenen Stimme. Es existiert eine wesentliche Einschränkung für die Gleichheit der Wahl. Der § 15 Abs. 2 BetrVG regelt, dass sich die Geschlechterverteilung innerhalb des Unternehmens auch in der Verfasstheit des Unternehmens wiederfinden muss. Dies bedeutet, dass eine Person auf einer Wahlliste übersprungen wird, sollte das Geschlecht, dem diese Person nicht angehört, im Betriebsrat dem Verhältnis nach unterrepräsentiert sein.[132]

Darüber hinaus sind der Öffentlichkeitsgrundsatz und auch die Laienkontrolle nicht auf eine Betriebsratswahl übertragbar, da bei diesem Wahlvorgang keine Staatsgewalt auf ein Gremium übertragen wird.[133]

---

127   Betriebsverfassungsgesetz in der Fassung der Bekanntmachung vom 25. September 2001 (BGBl. I S. 2518), das zuletzt durch Artikel 5 des Gesetzes vom 10. Dezember 2021 (BGBl. I S. 5162) geändert worden ist.

128   Erste Verordnung zur Durchführung des Betriebsverfassungsgesetzes (Wahlordnung – WO) vom 11. Dezember 2001 (BGBl. I S. 3494), die zuletzt durch Artikel 1 der Verordnung vom 8. Oktober 2021 (BGBl. I S. 4640) geändert worden ist.

129   *Richter*, Wahlen im Internet rechtsgemäß gestalten, S. 174.

130   BVerfG, Beschluss vom 23.03.1982 – 2 BvL 1/81, NVwZ 1982, 673, S. 673.

131   *Richter*, Wahlen im Internet rechtsgemäß gestalten, S. 170.

132   *Richter*, Wahlen im Internet rechtsgemäß gestalten, S. 175.

133   BVerfG, Urteil vom 03.03.2009 – 2 BvC 3/07, BVerfGE 123, 39–88, Rn. 68.

7. Wahlen zu privaten Körperschaften

Vereinswahlen und Wahlen zu Aktionärshauptversammlungen können durch die jeweilige Körperschaft weitestgehend frei ausgestaltet werden. Die Normen des Grundgesetzes finden hierbei allenfalls partiell Anwendung. Das Wahlgeheimnis ist in vielen Fällen nicht zu gewährleisten, da die Mitglieder eines Vereins häufig per Akklamation ihre Wahl zu Sach- und seltener auch zu Personalentscheidungen treffen. Bei Hauptversammlungen in Aktienunternehmen lassen sich Aktionäre vielfach vertreten und sind somit nur mittelbar an einer Wahlentscheidung beteiligt.[134]

8. Wahlen in Parteien

Die politischen Parteien sind gesondert zu betrachten. Gemäß Art. 21 Abs. 1 S. 3 GG[135] muss die innere Ordnung von Parteien den demokratischen Grundsätzen entsprechen. Dies folgt aus dem Grundsatz, dass Parteien an der politischen Willensbildung innerhalb des konstituierten Staats mitwirken, wobei sich der Art. 21 Abs. 1 S. 3 GG nur auf den Teil der Wahlen innerhalb der Parteien bezieht, die in „den staatlichen Bereich" hineinwirken, und gerade nicht auf den inneren Aufbau der Parteien („Binnenraum").[136]

Die Funktionsträger innerhalb der Parteien müssen über ihre unterschiedlichen Gliederungen hinweg turnusgemäß gewählt werden, um gemäß der Logik der repräsentativen Demokratie eine durchgehende Legitimationskette sicherzustellen.[137]

Die Grundsätze für innerparteiliche Wahlen müssen dabei den demokratischen Prinzipien des Grundgesetzes weitgehend entsprechen. Dabei ist zu beachten, dass die satzungsgemäße Ausgestaltung des inneren Wahlsystems einer Partei durch die Wahlrechtsgrundsätze gemäß Art. 38 Abs. 1 S. 1 GG begrenzt wird, die aber mit der ebenfalls in Art. 21 Abs. 1 GG geschützten Freiheit der Parteien, die Norm sich ebenfalls auf den innerparteilichen Aufbau bezieht, konkurriert. Um „dem besonderen Wesen der Parteien" zu

---

134 *Richter*, Wahlen im Internet rechtsgemäß gestalten, S. 180 ff.

135 Grundgesetz für die Bundesrepublik Deutschland in der im Bundesgesetzblatt Teil III, Gliederungsnummer 100-1, veröffentlichten bereinigten Fassung zuletzt geändert durch Artikel 1 des Gesetzes vom 13. Juli 2017 (BGBl. I S. 2347).

136 *Klein*, in: *Maunz/Dürig*, Grundgesetz: Kommentar, Art. 21 Rn. 342.

137 *Klein*, in: *Maunz/Dürig*, Grundgesetz: Kommentar, Art. 21 Rn. 340.

entsprechen, müssen das Demokratieprinzip und die Wahlrechtsgrundsätze ihrem „Binnenraum" angepasst werden.[138]

Insofern Delegierte bestimmt werden, ist die Unmittelbarkeit der Wahl im Binnenraum der Parteien nicht gegeben. Wahlen innerhalb der Parteien auf Bundes-, Landes-, Bezirks- oder Kreisebene werden vermittelt über Delegierten durchgeführt. An Wahlen in politischen Parteien, die über die interne Organisation und somit über den „Binnenraum" hinausgehen, sind strengere Anforderungen geknüpft. Hierauf sind die engen Wahlrechtsanforderungen des Grundgesetzes nahezu vollständig anzuwenden.

Neben den grundsätzlichen Anforderungen wie Gleichheit, Freiheit, Allgemeinheit und die Wahrung des Wahlgeheimnisses sind auch Anforderungen wie die Laienkontrolle – also der Möglichkeit, eine Wahl auch als Laie überprüfen zu können – umzusetzen, da das Vertrauen in den Staatsaufbau auf allen Ebenen gegeben sein muss und sich diese Anforderungen im Maximalszenario einer Bundestagswahl auch auf die Vorphase der Wahl und somit auf die Listenaufstellung der Landeslisten erstrecken.[139]

II. Verschiedene Wahlformen

Die unterschiedlichen Wahlformen lassen sich in die Kategorien Fernwahl und Präsenzwahl unterteilen und werden im Folgenden weiter erörtert.

1. Fernwahlen

Der bekannteste Vertreter der Kategorie Fernwahl – also der Wahlform, die sich dadurch auszeichnet, dass der Wähler von einem beliebigen Ort seine Stimme abgeben kann – ist die Briefwahl gemäß § 36 Bundeswahlgesetz (BWahlG),[140] eine weitere Form die Online-Wahl. Die Wahlverfahren dieser Kategorie sind besonders anfällig für Fehler, da hierbei fraglich sein kann, ob die Wahl frei und geheim durchgeführt wurde. Dieses Problem ist bereits dem Briefwahlverfahren immanent und Letzteres wurde aus diesem Grunde bereits mehrfach

---

138 *Grzeszick/Rauber,* in: *Schmidt-Bleibtreu/et al. GG* Kommentar zum Grundgesetz, Art. 21 Rn. 116.

139 *Richter,* Wahlen im Internet rechtsgemäß gestalten, S. 188.

140 *Thum,* in: *Schreiber,* BWahlG – Kommentar zum Bundeswahlgesetz unter Einbeziehung des Wahlprüfungsgesetzes, des Wahlstatistikgesetzes, der Bundeswahlordnung, der Bundeswahlgeräteverordnung und sonstiger wahlrechtlicher Nebenvorschriften, Art. 36 Rn. 1.

durch das Bundesverfassungsgericht überprüft, wobei entsprechende Wahlprüfungsbeschwerden der Antragsteller zurückgewiesen wurden.[141]

Der Grundsatz der Öffentlichkeit ist bei Briefwahlen ebenfalls stark eingeschränkt, da der Vorgang der Stimmabgabe als solche der öffentlichen
Kontrolle entzogen ist. Die Abgabe der Stimme erfolgt unter Ausschluss der
Öffentlichkeit, weswegen nicht sichergestellt werden kann, dass die Stimmabgabe rechtmäßig und frei von Druck erfolgt. Diese Einschränkung muss im
Spannungsverhältnis zum Wahlrechtsgrundsatz der Allgemeinheit der Wahl
gesehen werden, da durch die Briefwahl das Ziel verfolgt wird, die Wahlbeteiligung zu erhöhen; dieser Umstand wiegt die Einschränkungen der Öffentlichkeit nach Auffassung des Verfassungsgerichts auf.[142]

Darüber hinaus ist durch die Briefwahl die Einheitlichkeit des Wahltermins
gestört.[143] Zwischen der Stimmabgabe und dem Wahltermin können Ereignisse
treten, die den Wähler bei Kenntnis zu einer anderen Stimmabgabe bewogen
hätten. Letzteres könnte durch eine Online-Wahl gelöst werden.

Über die vorgenannten, verfahrensimmanenten Schwierigkeiten hinaus ist
zu beachten, dass das Fernmeldegeheimnis (siehe auch „Fernmeldegeheimnis", S. 59) und das informationelle Selbstbestimmungsrecht des Wählers (siehe
auch „Informationelle Selbstbestimmung", S. 58) gewahrt bleibt. Die Online-
Wahl birgt besondere Risiken, da diese an einem beliebigen Endgerät, mit
einem beliebigen Internetzugang und an einem beliebigen Ort durchgeführt
werden kann und somit eine große Zahl an Angriffsszenarien in Form von Phi-
shing, Spoofing oder Man-in-the-Middle-Attacken ermöglicht, wie im Folgenden näher ausgeführt wird.[144]

In den folgenden Kapiteln werden technische Möglichkeiten vorgestellt, um
diese Gefahr auf ein Minimum zu reduzieren und mögliche Manipulationen
zu erkennen. Hierbei darf nicht außer Acht gelassen werden, dass derartige
Angriffe auch im Briefwahlverfahren möglich sind. Ob jemand die Identität des
Wählers vortäuscht (Spoofing) und damit das Sicherheitsmerkmal der Authentizität gefährdet oder den Brief abfängt und die Stimme verändert (Man-in-
the-Middle) und damit das Sicherheitsmerkmal der Integrität gefährdet, ist für
den Wähler und das Wahlamt nicht erkennbar. Das Bundesverfassungsgericht

---

141 BVerfG, Urteil vom 09.07.2013 – 2 BvC 7/10, BVerfGE 134, 25–32.

142 BVerfG, Urteil vom 24.11.1981 – 2 BvC 1/81, BVerfGE 59, 119.

143 *Meyer*, in: *Isensee/Kirchhof*, Handbuch des Staatsrechts Band III: Demokratie –
Bundesorgane, § 46 Wahlgrundsätze, Wahlverfahren, Wahlprüfung Rn. 13.

144 *Richter*, Wahlen im Internet rechtsgemäß gestalten, S. 79.

hat wie bereits beschrieben in der Vergangenheit noch keine Notwendigkeit gesehen, diese Wahlform der Briefwahl zu beanstanden. Zuletzt wurde dies durch eine Entscheidung im Jahre 2013 in Bezug auf eine Beschwerde zur Europawahl 2009 bestätigt.[145]

Darüber hinaus sind auch weitere Wahlrechtsgrundsätze wie das Ermöglichen der Individual- oder Eigenkontrolle (Laienkontrolle) durch den Wähler nicht vorgesehen. Hierfür müsste der Wähler den Postweg seiner Stimmabgabe verfolgen.[146] Die Briefwahl ist hingegen in der Bevölkerung bekannt und es hat sich ein Grundvertrauen entwickelt, obwohl in der Briefwahl ebenso erhebliche Risiken existieren wie bei der Online-Wahl.[147]

2. Präsenz- oder Urnenwahl

Einfacher lässt sich die Einhaltung dieser Wahlgrundsätze bei der zweiten Kategorie der Wahlformen – bei der Präsenzwahl – sicherstellen. Bei dieser Kategorie geschieht die Stimmabgabe in einer geschützten Umgebung, nämlich entweder im Wahllokal (bei einer Urnenwahl) oder z.b. bei einer Präsenzwahl an dezentralen Standorten (bei einer Kioskwahl mit oder ohne elektronischer Unterstützung).

Die Risiken sind bei einer elektronisch durchgeführten Kioskwahl geringer als bei der Online-Wahl, da die elektronische Kioskwahl in einer geschützten/abgeschlossenen und separierten IT-Infrastruktur stattfinden kann. Dieses Verfahren hat dennoch den Vorteil, dass die Auszählung der Stimmen weniger Zeit braucht und vor allem weniger fehleranfällig ist; darüber hinaus kann die Stimmabgabe an verschiedenen Orten durchgeführt werden. Hierbei sind Zählfehler, wie sie in Wahllokalen dem Wahlvorstand bei der Auszählung der Stimmen unterlaufen können, nahezu ausgeschlossen. Dies ist ebenfalls ein wichtiger Aspekt bei der nachfolgenden Bewertung der unterschiedlichen Verfahren.[148]

Es darf aber auch bei einer Urnenwahl das Manipulationspotential des Wahlvorstands vor Ort nicht unterschätzt werden; so kann er z.B. bereits ausgefüllte

---

145   BVerfG, Urteil vom 09.07.2013 – 2 BvC 7/10, BVerfGE 134, 25–32.

146   *Spiecker/Bretthauer*, Die rechtliche Zulässigkeit einer Online-Wahl zur Sozialwahl, (S. 13).

147   *S. Bretthauer*, Online-Wahlen zu Parlamenten als modernes Instrument demokratischer Partizipation in Zeiten von Pandemie und Digitalisierung, KritV Kritische Vierteljahresschrift für Gesetzgebung und Rechtswissenschaft, 3–33 (S. 27).

148   *Richter*, Wahlen im Internet rechtsgemäß gestalten, S. 79.

Stimmzettel in der Wahlurne deponieren und so Einfluss auf das Ergebnis neh-men. Häufig werden die Wahlvorstände, die den Dienst in den Wahllokalen absolvieren, aus der lokalen Politik rekrutiert und die handelnden Personen kennen sich häufig untereinander. Darüber hinaus kann der Wahlvorstand mit Leichtigkeit feststellen, wie viele Stimmen in dem Wahlkreis noch nicht abge-geben wurden, und eine entsprechende Anzahl von Wahlzetteln ausfüllen, die kurz vor Ende der Wahl ebenfalls in die Urnen eingeworfen werden. Derartige Manipulationen sind weder auffällig noch erkennbar.

3. Exkurs zum Benfordschen Gesetz

Die Forscher Christian Breunig und Achim Goerres haben im Jahr 2011 fünf Bundestagswahlen (1990–2005) analysiert und das Benfordsche Gesetz auf die Ergebnisse angewandt. Hierbei haben sie bei 1.500 Tests auf Ebene der Wahl-kreise vereinzelt erhebliche Abweichungen festgestellt. Auf Landesebene fan-den sie gar 51 Abweichungen bei nur 190 Stichproben.[149]

Breunig und Goerres schließen aus, dass es sich um bloße Zählfehler han-deln könnte, da diese nach einem ähnlichen Muster streuen müssten wie die ursprünglichen Stimmabgaben und somit nicht zu einer signifikanten Ver-schiebung führen dürften.[150] Somit ist davon auszugehen, dass es auch bei der Urnenwahl zu signifikanten Manipulationen kommt. Aus diesem Grund kön-nen die Ausführungen des Bundesverfassungsgerichts in dessen Urteil nicht nachvollzogen werden.[151]

III. Unterschiedliche Wahlrelevanz

Bei der Bewertung der Anforderungen an die unterschiedlichen Wahlverfah-ren ist darüber hinaus die Wahlrelevanz entscheidend. Es wird bei Wahlverfah-ren auf Basis des Internets zwischen obligatorischen, fakultativen und begrenzt fakultativen Online-Wahlen unterschieden.[152]

Der Freiheitsgrad des Wählers, wenn es darum geht, sich aus den unter-schiedlichen Wahltechniken eine auszusuchen, hat erheblichen Einfluss auf die Strenge der Anforderungen, die an das Wahlverfahren geknüpft werden. Bei

---

149   Searching for electoral irregularities in an established democracy: Applying Ben-ford's Law tests to Bundestag elections in Unified Germany.

150   Searching for electoral irregularities in an established democracy: Applying Ben-ford's Law tests to Bundestag elections in Unified Germany.

151   BVerfG, Urteil vom 03.03.2009 – 2 BvC 3/07, BVerfGE 123, 39–88, Rn. 118.

152   *Richter*, Wahlen im Internet rechtsgemäß gestalten, S. 80.

einer obligatorischen Online-Wahl, bei der jeder Stimmberechtigte per Internet seine Stimme entweder vom heimischen PC oder an den hierfür vorgesehenen Stationen in den Wahllokalen abgeben muss, sind die wahlrechtlichen Anforderungen sehr hoch.[153]

Bei der sich durch Rigidität auszeichnenden Abwesenheitswahl musste der Wähler bis 2009 noch weitergehend begründen, warum er an der Briefwahl teilnehmen möchte. Insbesondere musste der Wähler bis 2009 durch Attest oder eine sonstige Bescheinigung nachweisen, dass er nicht in der Lage ist, am Wahltag das Wahllokal aufzusuchen. Diese Regel wurde zur Bundestagswahl 2009 geändert. Nun ist die Beantragung der Briefwahl nicht an weitergehende Anforderungen geknüpft.[154]

1. Obligatorische Online-Wahl

Eine obligatorische Online-Wahl, also ein Wahlverfahren, mit dem sowohl das Verfahren der Urnen- als auch das der Briefwahl, wie sie im Rahmen der Bundestags-, der Landtags- oder der Kommunalwahl Anwendung finden, ersetzen soll, muss das Maximalszenario einer demokratischen Wahl erfüllen und allen Wahlrechtsgrundsätzen sowie den weiteren einschlägigen Anforderungen wie der informationellen Selbstbestimmung, dem Fernmeldegeheimnis etc. in ihrer Gesamtheit gerecht werden.[155]

2. Fakultative Online-Wahl

An eine fakultative Online-Wahl sind geringere Anforderungen geknüpft, da in diesem Szenario die Online-Wahl gerade nur einen Zugang zum Wahlprozess unter vielen darstellt. Da andere Wahlverfahren zur Verfügung stehen, tritt die Frage zurück, ob tatsächlich jeder Wähler Zugang zum Verfahren hat und über die technischen Voraussetzungen und Fähigkeiten verfügt.[156]

Das Bundesverfassungsgericht hat in seinem Urteil zur Bundeswahlgeräteverordnung auch dazu Stellung genommen,[157] ob einzelne Kriterien aus dem Wahlrechtskatalog zugunsten anderer Kriterien zurücktreten müssen. Beispielsweise könnte durch eine fakultative Online-Wahl aufgrund der

---

153   *Richter*, Wahlen im Internet rechtsgemäß gestalten, S. 80 f.
154   ÄndG, Gesetz zur Änderung des Wahl- und Abgeordnetenrechts vom 17. März 2008, BGBl. I 2008 S. 394.
155   *Richter*, Wahlen im Internet rechtsgemäß gestalten, S. 191.
156   *Bräunlich/et al.* Der Elektronische Rechtsverkehr – Sichere Internetwahlen, S. 134.
157   BVerfG, Urteil vom 03.03.2009 – 2 BvC 3/07, BVerfGE 123, 39–88.

angenommenen höheren Wahlbeteiligung die Allgemeinheit der Wahl gestärkt werden. Hierbei stellt sich ebenfalls die Frage, ob sich das Verfassungsgericht bei seiner Bewertung bereits auf die geänderte Fassung des Bundeswahlgesetzes[158] bezog oder noch die bis dahin geltende Fassung vor Augen hatte, nach der die Beantragung der Briefwahl noch begründet werden musste.

Hätte das Bundesverfassungsgericht bereits die Wahlrechtsänderung in seine Bewertung einbezogen, so könnten seine Ausführungen zur Frage, ob der Publizitätsgrundsatz und die Individualkontrolle zugunsten einer höheren Wahlbeteiligung zurücktreten, auch auf eine fakultative Online-Wahl übertragen werden können.[159]

Wie Richter ausführt, geht aus der Urteilsbegründung eindeutig hervor, dass dies gerade nicht der Fall ist und dass das Verfassungsgericht sowohl bei den zitierten Urteilen als auch in seiner Begründung von der bis dahin gültigen Rechtslage – also der begründeten/begrenzten Briefwahl – ausgegangen ist. Hierbei stellte er fest, dass die Briefwahl dem Öffentlichkeitsgrundsatz nicht umfänglich gerecht zu werden vermag und diese nur in begrenzter Form zum Einsatz kommen darf.[160]

In diesem Zusammenhang dürfte auch eine bayrische Allgemeinverfügung als problematisch angesehen werden, die aufgrund der zum Zeitpunkt der Kommunalwahl herrschenden pandemischen Lage im Frühjahr 2020, die Briefwahl als einzig zulässige Wahlform angeordnet hat. Der bayrische Gesetzgeber hat hier reagiert und eine gesetzliche Grundlage in Art. 60a Gesetz über die Wahl der Gemeinderäte, der Bürgermeister, der Kreistage und der Landräte (GLKrWG) geschaffen.[161]

3. Begrenzt fakultative Online-Wahl

Bei begrenzt fakultativen Online-Wahlen sind die wahlrechtlichen Anforderungen an die Technik deutlich geringer. Hierbei steht es dem Stimmberechtigten frei, seine Stimme auf anderem Wege abzugeben. Begrenzt fakultativ bezieht sich in diesem Kontext darauf, dass der Stimmberechtigte begründen muss, weshalb er von dem vorgeschlagenen Wahlverfahren abweichen möchte. Entsprechend ist auch von einer Legitimationspflicht die Rede.[162]

---

158 ÄndG, Gesetz zur Änderung des Wahl- und Abgeordnetenrechts vom 17. März 2008, BGBl. I 2008 S. 394.
159 *Richter*, Wahlen im Internet rechtsgemäß gestalten, S. 192 f.
160 *Richter*, Wahlen im Internet rechtsgemäß gestalten, S. 193.
161 Klein/Schwarz, in: *Maunz/Dürig*, Grundgesetz: Kommentar, Art. 38 Rn. 99.
162 *Bräunlich/et al.* Der Elektronische Rechtsverkehr – Sichere Internetwahlen, S. 134.

An die letztgenannte Wahlrelevanz – also die begrenzt fakultative Online-Wahl – sind die geringsten Anforderungen geknüpft und es können vonseiten des Gesetzgebers einzelne Wahlrechtsgrundsätze zugunsten anderer in einem begrenzten Umfang eingeschränkt werden, da es sich hierbei lediglich um einen weiteren Zugang zum Wahlprozess handelt.[163]

IV. Die unterschiedlichen Wahlrechtsgrundsätze

Im Folgenden werden die unterschiedlichen Wahlrechtsgrundsätze erläutert, die gemäß Art. 38 Abs. 1 S. GG[164] für eine demokratische Wahl in Deutschland wesentlich sind.

Nachfolgend werden die rechtlichen Anforderungen und Kriterien an die Durchführung einer Online-Wahl grafisch vereinfacht dargestellt, um einen Überblick über die Anforderungen zu erhalten.

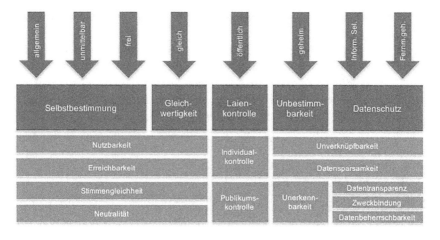

Abb. 11: Rechtliche Anforderungen und Kriterien für Online-Wahlen

---

163   *Richter*, Wahlen im Internet rechtsgemäß gestalten, S. 193 f.
164   Grundgesetz für die Bundesrepublik Deutschland in der im Bundesgesetzblatt Teil III, Gliederungsnummer 100-1, veröffentlichten bereinigten Fassung zuletzt geändert durch Artikel 1 des Gesetzes vom 13. Juli 2017 (BGBl. I S. 2347).

1. Die Freiheit der Wahl

Der Grundsatz der Freiheit der Wahl sieht vor, dass die Wahl ohne jegliche Form von Beeinflussung oder Zwang stattfindet. Hierbei handelt es sich um ein grundsätzliches Prinzip, das auf alle Wahlen zu Volksvertretungen innerhalb der Bundesrepublik angewendet wird.[165]

Das Bundesverfassungsgericht hat in einem Beschluss 1984 ausgeführt, dass Wähler vor Beeinflussungen geschützt werden müssen, die sie in der Entscheidungsfreiheit beeinflussen. Dieser Grundsatz geht über das Wahlgeheimnis hinaus, das ebenfalls die Freiheit der Wahl schützt.[166]

Die Stimmabgabe innerhalb einer Wahlkabine unterliegt ebenfalls diesem Schutz und darf weder durch die Gestaltung der Stimmzettel noch auf sonstige Weise beeinflusst werden.[167]

Das Bundesverfassungsgericht hat unter die Freiheit der Wahl auch das Recht des Wählers auf eine freie politische Meinungs- und Willensbildung subsumiert. Diese Handhabung des Konzepts der Freiheit der Wahl muss insbesondere unter dem Gesichtspunkt eines intensiven Parteienwettbewerbs im Wahlkampf kritisch gesehen werden. Dieser Wettbewerb wird nicht selten erheblichen Einfluss auf die Willensbildung des Wählers haben. Neben den Parteien nehmen auch die Massenmedien und Verbände eine wesentliche Rolle in der Willensbildung ein.[168] Amtlichen Stellen ist nach Auffassung des Bundesverfassungsgerichts sämtliche Einflussnahme auf die Willensbildung untersagt.[169]

Die Freiheit der Wahl wird durch vorab festgelegte starre Listen wie z.B. die Reservelisten der Parteien bei der Wahl zum Bundestag nicht unzulässig eingeschränkt, da dieses Vorgehen zur ordnungsgemäßen Durchführung der Wahl erforderlich ist. Das Wahlvorschlagsrecht darf hingegen nicht ausschließlich bei den Parteien liegen (Vorschlagsmonopol).[170] Vielmehr müssen auch Bewerbungen durch (parteilose) Einzelkandidaten grundsätzlich möglich sein, wobei

---

165 *Klein/Schwarz*, in: *Maunz/Dürig*, Grundgesetz: Kommentar, Art. 38 Rn. 110.
166 BVerfG, Beschluss vom 10.04.1984 – 2 BvC 2/83, NJW 1984, 2201, S. 2202.
167 *RhPfVerfGH*, Unzulässige Einwirkung auf Wahlentscheidung durch Gestaltung des Stimmzettels, NVwZ 2014, 1089, (S. 1090).
168 *Meyer*, in: *Isensee/Kirchhof*, Handbuch des Staatsrechts Band III: Demokratie – Bundesorgane, § 46 Wahlgrundsätze, Wahlverfahren, Wahlprüfung Rn. 23.
169 *Meyer*, in: *Isensee/Kirchhof*, Handbuch des Staatsrechts Band III: Demokratie – Bundesorgane, § 46 Wahlgrundsätze, Wahlverfahren, Wahlprüfung Rn. 24.
170 *Magiera*, in: *Sachs/et al.* Grundgesetz Kommentar, Art. 38 Rn. 92.

die Notwendigkeit, entsprechende Unterstützungsunterschriften für eine Kandidatur beizubringen, keine unzulässige Einschränkung der Freiheit der Wahl darstellt.[171] Dennoch sind derartige Unterschriftenquoren unter dem Gesichtspunkt des Wahlgeheimnisses als kritisch zu bewerten.[172] Im Sinne einer verfassungsmittelbaren Schranke der Wahlfreiheit ist verbotenen Parteien gemäß Art. 21 Abs. 2 GG die Teilnahme untersagt.[173]

Eine gesetzlich angeordnete Pflicht zur Teilnahme an der Bundestagswahl ist nach herrschender Meinung hingegen unzulässig, da auch die Freiheit, nicht an der Wahl teilzunehmen, durch das Grundgesetz geschützt wird.[174]

2. Die Allgemeinheit der Wahl

Der Grundsatz der Allgemeinheit ist die konkrete Ausprägung des allgemeinen Gleichheitsgrundsatzes.[175] Dessen Berücksichtigung soll gewährleisten, dass die demokratische Legitimation des Parlaments auf einer möglichst großen Basis beruht.[176]

Aus dem Grundsatz der Allgemeinheit geht hervor, dass die Ausübung des Wahlrechts grundsätzlich für jeden gleichermaßen möglich sein muss und eine Einschränkung nur aus zwingenden Gründen erfolgen darf.[177] Ein Ausschluss einzelner Bevölkerungsgruppen von der Wahl aufgrund von politischen, sozialen oder wirtschaftlichen Gründen ist unzulässig.[178]

Zulässige, zwingende Einschränkungen, die bereits aus dem Grundgesetz hervorgehen, ergeben sich beispielsweise aus dem Mindestwahlalter, das in Art. 38 Abs. 2 GG[179] geregelt ist und dass das notwendige Maß an Vernunft, Verantwortungsbewusstsein und Reife innerhalb der Wählerschaft sicherstellen

---

171 *Magiera*, in: *Sachs/et al.* Grundgesetz Kommentar, Art. 38 Rn. 101.

172 *Meyer*, in: *Isensee/Kirchhof*, Handbuch des Staatsrechts Band III: Demokratie – Bundesorgane, § 46 Wahlgrundsätze, Wahlverfahren, Wahlprüfung Rn. 62.

173 *Klein/Schwarz*, in: *Maunz/Dürig*, Grundgesetz: Kommentar, Art. 38 Rn. 111.

174 *Butzer*, in: *Epping/Hillgruber*, Beck'scher Online-Kommentar Grundgesetz, Art. 38 Rn. 70.

175 BVerfG, Beschluss vom 06.05.1970 – 2 BvR 158/70, BVerfGE 28, 220, S. 225.

176 *Klein/Schwarz*, in: *Maunz/Dürig*, Grundgesetz: Kommentar, Art. 38 Rn. 90.

177 *Klein/Schwarz*, in: *Maunz/Dürig*, Grundgesetz: Kommentar, Art. 38 Rn. 89.

178 *Butzer*, in: *Epping/Hillgruber*, Beck'scher Online-Kommentar Grundgesetz, Art. 38 Rn. 61.

179 Grundgesetz für die Bundesrepublik Deutschland in der im Bundesgesetzblatt Teil III, Gliederungsnummer 100-1, veröffentlichten bereinigten Fassung zuletzt geändert durch Artikel 1 des Gesetzes vom 13. Juli 2017 (BGBl. I S. 2347).

soll.[180] Ferner kann die „Deutschen-Eigenschaft" (Art. 116 Abs. 1 GG) genannt werden, die nicht *expressis verbis* definiert ist, sondern aus dem Zusammenhang des Grundgesetzes, namentlich u. a. aus Art. 20 Abs. 2 S. 1 GG[181] („alle Staatsgewalt geht vom Volke aus") herzuleiten ist[182] wobei gemäß der herrschenden Meinung unter „Volk" das Staatsvolk verstanden wird.[183] Die grundsätzliche und fundamentale Bedeutung des Wahlrechts erfordert eine ständige Überprüfung und gegebenenfalls eine Anpassung der Einschränkungen durch den Gesetzgeber.[184]

Der Digitalisierung des Wahlvorgangs kommt insbesondere in Bezug auf die Allgemeinheit der Wahl ein besonderes Augenmerk zu. So hat beispielsweise eine Online-Wahl, die zeitlich und örtlich unabhängig stattfinden kann, das Potential, die Wahlbeteiligung deutlich zu erhöhen, und senkt den Aufwand zur Stimmabgabe signifikant, insbesondere für Personen mit Mobilitätseinschränkungen.[185]

Vor dem Eindruck der mittlerweile aufgehobenen pandemischen Lage wäre die Online-Wahl darüber hinaus das präferierte Wahlverfahren, um „Super-Spreading-Events" in Wahllokalen zu verhindern und allen Staatsbürgern eine zeitgemäße Partizipation zu ermöglichen.[186]

Insbesondere ist die Sorge vulnerabler Personengruppen in Betracht zu ziehen, da diese aus Angst vor einer Infektion vielfach den Weg zum Wahllokal scheuen. So gaben beispielsweise die Hälfte aller Nichtwähler in Brasilien an, aus Angst vor einer Infektion während der Pandemie nicht zur Wahl gegangen zu sein.[187]

---

180   *Klein/Schwarz*, in: *Maunz/Dürig*, Grundgesetz: Kommentar, Art. 38 Rn. 96.
181   Grundgesetz für die Bundesrepublik Deutschland in der im Bundesgesetzblatt Teil III, Gliederungsnummer 100-1, veröffentlichten bereinigten Fassung zuletzt geändert durch Artikel 1 des Gesetzes vom 13. Juli 2017 (BGBl. I S. 2347).
182   *Magiera*, in: *Sachs/et al.* Grundgesetz Kommentar, Art. 38 Rn. 83.
183   *Meyer*, in: *Isensee/Kirchhof*, Handbuch des Staatsrechts Band III: Demokratie – Bundesorgane, § 46 Wahlgrundsätze, Wahlverfahren, Wahlprüfung Rn. 7.
184   *Magiera*, in: *Sachs/et al.* Grundgesetz Kommentar, Art. 38 Rn. 84.
185   *S. Bretthauer*, Online-Wahlen zu Parlamenten als modernes Instrument demokratischer Partizipation in Zeiten von Pandemie und Digitalisierung, KritV Kritische Vierteljahresschrift für Gesetzgebung und Rechtswissenschaft, 3–33 (S. 13).
186   *S. Bretthauer*, Online-Wahlen zu Parlamenten als modernes Instrument demokratischer Partizipation in Zeiten von Pandemie und Digitalisierung, KritV Kritische Vierteljahresschrift für Gesetzgebung und Rechtswissenschaft, 3–33 (S. 14).
187   *Leininger/Wagner*, Wählen in der Pandemie: Herausforderungen und Konsequenzen. Z Politikwiss 31, 91–100 (2021), Zeitschrift für Politikwissenschaft, (S. 96).

Kritisch muss in Bezug auf die Allgemeinheit der Wahl der Zugang zu Wahlmöglichkeiten betrachtet werden. So dürfen technisch weniger versierte Personen keinesfalls in ihrer Stimmabgabe beschränkt werden. Die digitale Teilhabe ist keinesfalls nur bei Online-Wahlen eine der großen Herausforderungen unserer Zeit.[188]

3. Die Gleichheit der Wahl

Die Gleichheit der Wahl sichert gemeinsam mit der Allgemeinheit der Wahl die Egalität – also die politische Gleichheit der Bürger – und diese Grundsätze sind besonders eng mit dem Demokratieprinzip des Grundgesetzes verknüpft.[189]

Die Allgemeinheit der Wahl sichert dem Wähler den Zugang zur Wahl; die Gleichheit bezieht sich hingegen auf den Stimmwert eines jeden Wählers und auch auf den Erfolgs(chancen)wert. Der Gleichheitsgrundsatz gilt nicht nur für das aktive, sondern ebenfalls für das passive Wahlrecht.[190] Die Gleichheit der Wahl kann nur in engen Grenzen durch den Gesetzgeber einzelgesetzlich eingeschränkt werden.[191]

Da in einem Flächenstaat wie Deutschland meist unterschiedliche Interessen und Ideen konkurrieren, sind einstimmige Ergebnisse bei Wahlen nahezu ausgeschlossen, obwohl diese für die Entscheidungsfindung in einem Staat ideal wären. Aus diesem Grunde basieren Entscheidungen in demokratischen Organen auf Mehrheitsbeschlüssen (Mehrheitsprinzip).[192]

Darüber hinaus wird aus dem Mehrheitsprinzip auch die Stimmrechtsgleichheit in einer Demokratie abgeleitet. Würde beispielsweise im Rahmen einer parlamentarischen Abstimmung Einstimmigkeit verlangt, so hätte bereits eine einzige Stimme eines Antragsgegners ein höheres Gewicht als die Summe aller Stimmen der Befürworter. Gleiches gilt auch für den Verzicht auf eine absolute Mehrheit, da in diesem Fall Minderheiten eine Entscheidung herbeiführen könnten, die durch eine Mehrheit akzeptiert werden müsste.[193] Somit

---

188 S. *Bretthauer*, Online-Wahlen zu Parlamenten als modernes Instrument demokratischer Partizipation in Zeiten von Pandemie und Digitalisierung, KritV Kritische Vierteljahresschrift für Gesetzgebung und Rechtswissenschaft, 3–33 (S. 12).

189 *Klein/Schwarz*, in: *Maunz/Dürig*, Grundgesetz: Kommentar, Art. 38 Rn. 126.

190 *Magiera*, in: *Sachs/et al.* Grundgesetz Kommentar, Art. 38 Rn. 95.

191 *Klein/Schwarz*, in: *Maunz/Dürig*, Grundgesetz: Kommentar, Art. 38 Rn. 131.

192 *Sachs*, in: *Sachs/et al.* Grundgesetz Kommentar, Art. 20 Rn. 21.

193 *Huster/Rux*, in: *Epping/Hillgruber*, Beck'scher Online-Kommentar Grundgesetz, Art. 20 Rn. 85.

bedarf die Einführung einer jeden Quote – unabhängig davon, ob diese oberhalb oder unterhalb von 50 % liegt – der Legitimation.[194]

Da es dem Mehrheitsprinzip immanent ist, dass eine (kleinere) Gruppe in einem Wahlvorgang unterliegt, muss dieser die Chance zur Veränderung gegeben werden. Hierzu sind in parlamentarischen Demokratien zwingend Möglichkeiten zu schaffen, so dass sich die parlamentarischen Mehrheiten turnusgemäß durch legitimierte Wahlen verändern können. Regelmäßige Neuwahlen sind nötig, um die Machtverhältnisse wieder neu festzustellen.[195]

Der Wahlrechtsgleichheitsgrundsatz bezieht sich auf alle Bestandteile des Wahlverfahrens und umfasst alle Vorgänge, angefangen bei der Vorbereitung der Wahl über die Durchführung bis hin zur Mandatsvergabe.[196] Die Gleichheit der Wahl entwickelt als Grundsatz bereits vor der Wahl Wirkung, da auch die Finanzierung von Parteien und Wählergruppen dem Grundsatz der Gleichheit folgt.[197] Darüber hinaus umfasst die Gleichheit der Wahl auch die Einteilung der Wahlkreise beziehungsweise der Wahlkreisgröße oder[198] die Feststellung der Wahlergebnisse und die Zuteilung der Mandate entsprechend den Wahlergebnis.[199]

Aus dem Grundsatz der Gleichheit folgt auch, dass das Gewicht einer Stimme im Verhältniswahlrecht stets gleich sein muss. Dies hat neben den Überhangmandaten, die die Differenz aus gewonnenen Direktmandaten und erhaltenen Zweitstimmen ausgleichen, auch Einfluss auf die Größe von Wahlkreisen.[200]

Mit Blick auf die Stimmengleichheit ist auch die Sperrklausel gemäß § 6 Abs. 3 S. 1 Bundeswahlgesetz (BWahlG),[201] wie sie in Deutschland z.B. bei Bundestagswahlen für die Wahl nach Landeslisten existiert, zu hinterfragen. Die 5 %-Sperrklausel legt fest, dass Parteien, die bei einer Bundeswahl weniger als fünf Prozent der Zweitstimmen erhalten, zwar bei der Berechnung der

---

194 *Huster/Rux*, in: *Epping/Hillgruber*, Beck'scher Online-Kommentar Grundgesetz, Art. 20 Rn. 88.
195 *Richter*, Wahlen im Internet rechtsgemäß gestalten, S. 84.
196 *Magiera*, in: *Sachs/et al.* Grundgesetz Kommentar, Art. 38 Rn. 96.
197 *Klein/Schwarz*, in: *Maunz/Dürig*, Grundgesetz: Kommentar, Art. 38 Rn. 129.
198 *Butzer*, in: *Epping/Hillgruber*, Beck'scher Online-Kommentar Grundgesetz, Art. 38 Rn. 79.
199 *Magiera*, in: *Sachs/et al.* Grundgesetz Kommentar, Art. 38 Rn. 96.
200 *Klein/Schwarz*, in: *Maunz/Dürig*, Grundgesetz: Kommentar, Art. 38 Rn. 131.
201 Bundeswahlgesetz in der Fassung der Bekanntmachung vom 23. Juli 1993 (BGBl. I S. 1288, 1594), das zuletzt durch Artikel 2 des Gesetzes vom 3. Juni 2021 (BGBl. I S. 1482) geändert worden ist.

Wahlbeteiligung einbezogen werden, aber auf Grundlage der Stimmen keine Sitze zugeteilt bekommen. Das Bundesverfassungsgericht hat die Sperrklausel gemäß § 6 Abs. 3 BWahlG in ständiger Rechtsprechung als rechtmäßig befunden und die daraus resultierenden Unterschiede im Erfolgswert der einzelnen Stimme als gerechtfertigt angesehen.[202]

Ein „zwingender", legitimer Grund für eine solche Sperrklausel ist nur dann gegeben, wenn die Funktionsfähigkeit des Parlaments durch Splitterparteien gefährdet ist. Darüber hinaus muss die Sperrklausel geeignet und erforderlich sein, um diese Gefahr abzuwenden und die Gefahr darf nicht nur abstrakt, d.h. bloß unwahrscheinlich sein.[203]

Die grundsätzliche Gefahr der Funktionsfähigkeit des Parlaments durch Splitterparteien wurde durch das Bundesverfassungsgericht für die Bundestagswahlen und Landtagswahlen bejaht. Die Sperrklausel stellt die Funktionsfähigkeit des Parlaments und somit eine stabile Regierungsmehrheit sicher und wurde als vereinbar mit den Wahlgleichheitsgrundsatz beurteilt.[204]

Für die Kommunal- und Europawahlen hat das Verfassungsgericht dies anders entschieden und die Sperrklausel aus unterschiedlichen Gründen gekippt. Auf kommunaler Ebene sei eine Sperrklausel nicht mehr zu vertreten, da die Funktion eines Kommunalparlaments hierdurch nicht gefährdet sei und die Hauptverwaltungsbeamten direkt gewählt werden.[205]

Die 5 %-Sperrklausel im Europawahlrecht ist aufgrund der europäisch nicht harmonisierten und dadurch sehr unterschiedlichen Sperrklauseln für Deutschland annulliert worden. Nach Einigung der Europäischen Staaten im Juni 2018 wurde eine neue 2 %-Sperrklausel eingeführt, die europaweit harmonisiert wurde.[206] Die Sperrklausel darf aufgrund der Integrationsfunktion von Wahlen nicht verhindern, dass bedeutende Anliegen der Bürger im Parlament verhandelt werden.[207]

---

202 *Boehl*, in: *Schreiber*, BWahlG – Kommentar zum Bundeswahlgesetz unter Einbeziehung des Wahlprüfungsgesetzes, des Wahlstatistikgesetzes, der Bundeswahlordnung, der Bundeswahlgeräteverordnung und sonstiger wahlrechtlicher Nebenvorschriften, § 6 Abs. 3 Rn. 8.

203 *Klein/Schwarz*, in: *Maunz/Dürig*, Grundgesetz: Kommentar, Art. 38 Rn. 137.

204 *Magiera*, in: *Sachs/et al.* Grundgesetz Kommentar, Art. 38 Rn. 99.

205 *Butzer*, in: *Epping/Hillgruber*, Beck'scher Online-Kommentar Grundgesetz, Art. 38 Rn. 84.1.

206 *Butzer*, in: *Epping/Hillgruber*, Beck'scher Online-Kommentar Grundgesetz, Art. 38 Rn. 84.3.

207 *Klein/Schwarz*, in: *Maunz/Dürig*, Grundgesetz: Kommentar, Art. 38 Rn. 137.

Nicht mit dem Grundsatz vereinbar ist der Effekt des negativen Stimmgewichts, der dazu führt, dass abgegebene Zweitstimmen eines Wählers nicht zu Gunsten, sondern zum Nachteil der gewählten Partei auswirken.[208]

Weitere Themen, die zu einem Ungleichgewicht beim Stimmwert führen, sind auf der einen Seite das Grundmandat, das Parteien mit drei und mehr gewonnenen Wahlkreisen den Einzug ins Parlament ermöglicht, obwohl diese weniger als 5 % der Stimmen erhalten haben,[209] und auf der anderen Seite Überhangmandate, die bei signifikanten Unterschieden zwischen den Erst- und Zweitstimmenergebnissen beziehungsweise deren Ausgleich entstehen.[210]

4. Die Unmittelbarkeit der Wahl

Das Bundesverfassungsgericht hält die Unmittelbarkeit der Wahl für ein unabdingbares formales Prinzip. Insbesondere richtet sich dieses Prinzip gegen den Einsatz von Wahlmännern und -frauen als Intermediäre zwischen den Wahlberechtigten und der tatsächlichen Stimmabgabe bei einer Parlamentswahl oder gegen Maßnahmen, bei denen auf sonstige Weise die direkte Teilnahme des Wählers an einer Wahl verhindert wird.[211]

Der Grundsatz der Unmittelbarkeit schließt gemäß einem Beschluss (2 BvR 9/56 aus 1957) des Bundesverfassungsgerichts jedes Wahlverfahren aus, *„bei dem sich zwischen Wähler und Wahlbewerber nach der Wahlhandlung eine Instanz einschiebt, die nach ihrem Ermessen die Abgeordneten auswählt und damit dem einzelnen Wähler die Möglichkeit nimmt, die zukünftigen Abgeordneten durch die Stimmabgabe selbsttätig zu bestimmen“*,[212] und richtet sich gegen den Einsatz von Wahlmännern und -frauen, wie er Deutschen Reich noch üblich war. Der besagte Grundsatz impliziert, dass das Wahlrecht ein höchstpersönliches ist, das nicht veräußert (etwa übertragen) werden und auf das auch nicht verzichtet werden kann; nur der Wähler selbst darf seine Stimme abgeben.[213]

---

208   *Magiera*, in: *Sachs/et al.* Grundgesetz Kommentar, Art. 38 Rn. 101.

209   *Roth*, Mit drei Direktmandaten in den Bundestag? – Zur Verfassungswidrigkeit der Grundmandatsklausel, NJW 1994, 3269, (S. 3271).

210   *Meyer*, in: *Isensee/Kirchhof*, Handbuch des Staatsrechts Band III: Demokratie – Bundesorgane, § 46 Wahlgrundsätze, Wahlverfahren, Wahlprüfung Rn. 45.

211   *Klein/Schwarz*, in: *Maunz/Dürig*, Grundgesetz: Kommentar, Art. 38 Rn. 103.

212   BVerfG, Beschluss vom 03.07.1957 – 2 BvR 9/56, NJW 1957, 1313, S. 1313.

213   *Klein/Schwarz*, in: *Maunz/Dürig*, Grundgesetz: Kommentar, Art. 38 Rn. 103 f.

Die einzige Ausnahme von dieser Regel ist die Tatsache, dass dem Gewählten selbst die freie Entscheidung obliegt, ob er die Wahl annimmt.[214] Im Hinblick auf die zur Wahl stehenden Parteien gilt die Idee, dass deren Einfluss auf die Wahl mit Stimmabgabe des Wählers grundsätzlich abgeschlossen ist. Das Wahlergebnis darf ausschließlich von der Entscheidung des Wählers selbst abhängen.[215] Dieser Wahlgrundsatz bezieht sich nicht nur auf den Wahlvorgang als solchen, sondern erstreckt seine Wirkung auch auf die Aufstellung der Listen- und Direktkandidaturen innerhalb der zur Wahl stehenden Parteien.[216]

5. Die Geheimheit der Wahl

Mit dem Grundsatz des Wahlgeheimnisses legt das Grundgesetz in Art. 28 GG den „wichtigsten institutionellen Schutz der Wahlfreiheit".[217] Es setzt die Abgabe von mindestens drei Stimmen voraus und bedingt die ausschließliche Kenntnis des Wählers bezüglich des Inhalts der abgegebenen Stimme. Hierdurch ist die Stimmabgabe nur höchstpersönlich durch den Wähler möglich.[218]

Weiterhin ist es verboten, von Amts wegen zu erforschen, wie ein Wähler wählen will oder wie er gewählt hat. Auch Nachforschungen in Bezug auf die Frage, ob ein Wähler gewählt hat oder eben nicht, ist unzulässig.[219]

Das Wahlgeheimnis soll sicherstellen, dass kein sozialer Druck auf den Wähler ausgeübt werden kann. Es ist auf der einen Seite ein Recht des Wählers, den Inhalt seiner Stimmabgabe geheim zu halten, und auf der anderen Seite ein objektives Prinzip der Wahl als solches. Aus diesem Grundsatz folgt nicht nur, dass der Inhalt der Stimmabgabe während des Wahlvorgangs geheim zu halten ist, sondern auch, dass diese darüber hinaus nicht rekonstruierbar oder rückverfolgbar z.B. per Kamera gespeichert werden darf.[220]

Das Wahlgeheimnis muss in einem hohen Maße sichergestellt werden, um die Wahlfreiheit des Individuums vor staatlichen und privaten Einflüssen zu

---

214 *Meyer*, in: *Isensee/Kirchhof*, Handbuch des Staatsrechts Band III: Demokratie – Bundesorgane, § 46 Wahlgrundsätze, Wahlverfahren, Wahlprüfung Rn. 17.

215 *Butzer*, in: *Epping/Hillgruber*, Beck'scher Online-Kommentar Grundgesetz, Art. 38 Rn. 66.

216 *Klein/Schwarz*, in: *Maunz/Dürig*, Grundgesetz: Kommentar, Art. 38 Rn. 106.

217 BVerfG, Beschluss vom 16.07.1998 – 2 BvR 1953/95, BVerfGE 99, 1, Rn. 65.

218 *Magiera*, in: *Sachs/et al.* Grundgesetz Kommentar, Art. 38 Rn. 102.

219 *Klein/Schwarz*, in: *Maunz/Dürig*, Grundgesetz: Kommentar, Art. 38 Rn. 117–118.

220 *Meyer*, in: *Isensee/Kirchhof*, Handbuch des Staatsrechts Band III: Demokratie – Bundesorgane, § 46 Wahlgrundsätze, Wahlverfahren, Wahlprüfung Rn. 20.

schützen. In diesem Sinne ist der Staat gehalten, Beeinflussungsversuche zu sanktionieren und entsprechende Vorkehrungen zu treffen.[221] Einschränkungen des Wahlgeheimnisses sind nur zulässig, wenn sie zwingend, d. h. für die ordnungsmäßige Durchführung einer Wahl unerlässlich sind. Ein Beispiel für eine zwingende Einschränkung ist der Vermerk über die Stimmabgabe im Wählerverzeichnis. Gegen eine nachträglich freiwillige und rückverfolgbare Offenlegung des Inhalts der Stimmabgabe bestehen hingegen keine Einwände. Das Fotografieren des Stimmzettels durch den Wähler in der Stimmkabine ist hingegen nicht zulässig.[222]

Auch eine elektronische Stimmabgabe im Wahllokal muss so gestaltet werden, dass das Wahlgeheimnis nicht gefährdet ist. Die verwendeten Systeme selbst müssen „bauartbedingt" so ausgestaltet sein, dass sie das Wahlgeheimnis nicht gefährden, und darüber hinaus auch technisch ausgereift sein.[223]

6. Die Öffentlichkeit der Wahl

Der Wahlvorgang des Individuums unterliegt dem Wahlgeheimnis. Das gesamte Wahlverfahren hingegen unterliegt dem Publizitätsprinzips (Öffentlichkeitsgrundsatz).[224]

Dieser Öffentlichkeitsgrundsatz umfasst den gesamten Wahlvorgang, von der Vorbereitung der Wahl über die Durchführung der Wahl bis hin zur Auszählung der Stimmen. Die Öffentlichkeit der Wahl ist eine unabdingbare Voraussetzung, die aus Art. 38 i.V.m. Art. 20 Abs. 1 und 2 GG resultiert.[225]

Dieser ungeschriebene Wahlrechtsgrundsatz (Publizitätsprinzip) enthält die Elemente der Transparenz beziehungsweise Nachvollziehbarkeit und der Nachprüfbarkeit der Wahl. Beide Punkte sind bereits grundsätzlich im Rechtsstaatsprinzip angelegt, das Transparenz und Kontrollierbarkeit der staatlichen Machtausübung fordert.[226] Einzelgesetzliche Ausnahmen von diesem Grundsatz sind nur in Grenzen erlaubt. So ist beispielsweise die Briefwahl i.S.v.

---

221 *Klein/Schwarz*, in: *Maunz/Dürig*, Grundgesetz: Kommentar, Art. 38 Rn. 118.

222 *Magiera*, in: *Sachs/et al.* Grundgesetz Kommentar, Art. 38 Rn. 103.

223 *Kluth*, in: *Schmidt-Bleibtreu/et al. GG* Kommentar zum Grundgesetz, Art. 38 Rn. 40.

224 *Klein/Schwarz*, in: *Maunz/Dürig*, Grundgesetz: Kommentar, Art. 38 Rn. 120.

225 *Magiera*, in: *Sachs/et al.* Grundgesetz Kommentar, Art. 38 Rn. 104.

226 *Butzer*, in: *Epping/Hillgruber*, Beck'scher Online-Kommentar Grundgesetz, Art. 38 Rn. 101.

§ 36 BWahlG[227] eine solche Ausnahme, wobei mit ihr der Zweck verfolgt wird, eine möglichst hohe Wahlbeteiligung zu erreichen.[228]

Damit muss die Wahl als solche überprüfbar sein und ordnungsgemäß durchgeführt werden, um die Legitimation des gewählten Parlaments zu begründen und gleichzeitig das Vertrauen der Bürger in die Wahl sicherzustellen.[229] Dafür zu sorgen hat der Gesetzgeber. Der Einsatz elektronischer Wahlgeräte ist vor diesem Hintergrund nur im engen Rahmen der grundgesetzlichen Voraussetzungen möglich, da garantiert werden muss, dass der einzelne Wähler seine Stimmabgabe zuverlässig und nachvollziehbar überprüfen kann.[230]

Das Bundesverfassungsgericht ist in seinem Wahlgeräteurteil zukunftsorientiert und technologieoffen, legt aber in Bezug auf den Grundsatz der Öffentlichkeit hohe Maßstäbe an den Einsatz von technischen Geräten an.[231]

Der Nachvollzug muss insbesondere ohne Sachkenntnis erfolgen können. Aufgrund der großen Breitenwirkung von Manipulationen an Wahlgeräten und des Blackbox-Effekts darf der Wähler nicht darauf verwiesen werden, dass er der Funktionsfähigkeit des Verfahrens vertrauen muss. Auch eine Ausnahme vom Grundsatz der Öffentlichkeit ist beim Einsatz von Wahlcomputern nicht gerechtfertigt.[232]

Während der Corona-Pandemie hat sich gezeigt, dass sich durch den Einsatz digitaler Instrumente menschliche Kontakte und damit das Ansteckungsrisiko minimieren lassen. Während der Pandemie sollten alltägliche Prozesse möglichst kontaktlos durchgeführt werden und somit hat auch § 35 BWahlG eine neue Bedeutung bekommen; diese Vorschrift ermöglicht grundsätzlich auch eine Digitalisierung des Wahlvorgangs,[233] wobei sie aktuell praktisch keine Bedeutung mehr besitzt und dies, obwohl sie unverändert in Kraft ist.[234]

---

227 Bundeswahlgesetz in der Fassung der Bekanntmachung vom 23. Juli 1993 (BGBl. I S. 1288, 1594), das zuletzt durch Artikel 2 des Gesetzes vom 3. Juni 2021 (BGBl. I S. 1482) geändert worden ist.

228 *Butzer*, in: *Epping/Hillgruber*, Beck'scher Online-Kommentar Grundgesetz, Art. 38 Rn. 102.

229 *Klein/Schwarz*, in: *Maunz/Dürig*, Grundgesetz: Kommentar, Art. 38 Rn. 120.

230 *Magiera*, in: *Sachs/et al.* Grundgesetz Kommentar, Art. 38 Rn. 104.

231 *Klein/Schwarz*, in: *Maunz/Dürig*, Grundgesetz: Kommentar, Art. 38 Rn. 123.

232 *Butzer*, in: *Epping/Hillgruber*, Beck'scher Online-Kommentar Grundgesetz, Art. 38 Rn. 103.

233 *Klein/Schwarz*, in: *Maunz/Dürig*, Grundgesetz: Kommentar, Art. 38 Rn. 122.

234 *Seedorf*, in: *Schreiber*, BWahlG – Kommentar zum Bundeswahlgesetz unter Einbeziehung des Wahlprüfungsgesetzes, des Wahlstatistikgesetzes, der

7. Informationelle Selbstbestimmung

Im Rahmen der Authentifizierung des einzelnen Wählers werden personen-bezogene Daten verarbeitet. Diese Verarbeitung ist nur in den engen Grenzen der Datenschutzgrundverordnung (DSGVO)[235] und des Bundesdatenschutz-gesetzes (BDSG)[236] zulässig. Darüber hinaus hat das Verfassungsgericht im sog. Volkszählungsurteil[237] das informationelle Selbstbestimmungsrecht aus-geprägt. Demnach bedürfen Eingriffe in das Grundrecht auf informationelle Selbstbestimmung einer gesetzlichen Grundlage und unterliegen insbesondere dem Gebot der Verhältnismäßigkeit.[238] Hierbei darf jeder Mensch grundsätz-lich über die Erhebung, die Speicherung, die Verwendung und die Weitergabe seiner persönlichen Daten frei entscheiden.[239]

Die allgemeinen Persönlichkeitsrechte haben den Zweck, dass jeder Mensch eine Übersicht darüber bekommt, welche ihn betreffenden Daten im Umlauf sind, und die Folgen seines Handelns z.b. im Internet besser abschätzen kann. Das Individuum muss am sozialen Leben teilnehmen können, ohne hierdurch Einschränkungen zu erfahren und darüber hinaus soll ihm ein selbstbestimm-ter Umgang mit seinen personenbezogenen Daten ermöglicht werden.[240]

8. Fernmeldegeheimnis

Darüber hinaus schützt das Grundgesetz mit Art. 10 Abs. 1 GG[241] die Vertrau-lichkeit der fernmeldetechnischen Anlagen vor dem Zugriff vonseiten öffentli-cher Gewalt. Der Schutzbereich erstreckt sich sowohl auf den Inhalt sowie auf die näheren Umstände der Kommunikation als auch auf die an ihr beteiligten Personen.

Bundeswahlordnung, der Bundeswahlgeräteverordnung und sonstiger wahlrecht-licher Nebenvorschriften, Art. 35 Rn. 2.

235   EU-Datenschutz-Grundverordnung Nr. 2016/679 vom 27.04.2016, ABL. L 119.
236   Bundesdatenschutzgesetz vom 30. Juni 2017 (BGBl. I S. 2097), das durch Artikel 10 des Gesetzes vom 23. Juni 2021 (BGBl. I S. 1858) geändert worden ist.
237   BVerfG, Urteil vom 15. Dezember 1983 – 1 BvR 209/83, BVerfGE 65, 1, Rn. 1.
238   BVerfG, Urteil vom 15. Dezember 1983 – 1 BvR 209/83, BVerfGE 65, 1, Rn. 44.
239   *Hofmann*, in: *Schmidt-Bleibtreu/et al. GG* Kommentar zum Grundgesetz, Art. 2 Rn. 16.
240   *Richter*, Wahlen im Internet rechtsgemäß gestalten, S. 101.
241   Grundgesetz für die Bundesrepublik Deutschland in der im Bundesgesetzblatt Teil III, Gliederungsnummer 100-1, veröffentlichten bereinigten Fassung zuletzt geändert durch Artikel 1 des Gesetzes vom 13. Juli 2017 (BGBl. I S. 2347).

Eine Online-Wahl stellt einen Vorgang dar, der grundsätzlich unter das Fernmeldegeheimnis fällt. Dieses ist über das bereits grundgesetzlich verankerte Wahlgeheimnis hinaus zu schützen. Darüber hinaus ist zu beachten, dass die im Rahmen des Fernmeldegeheimnisses mögliche Offenlegung der Kommunikation dort seine Grenze findet, wo diese Offenlegung durch das Wahlgeheimnis unzulässig ist.[242]

Vom Schutzbereich des Fernmeldegeheimnisses sind alle Dienste ausgenommen, die sich an einen unbestimmten Personenkreis richten. Hierzu zählen neben dem Rundfunk auch der Inhalt des Internets und auch Cloud-Computing.[243]

9. Zwingende Gründe zur Einschränkung von Wahlrechtsgrundsätzen

In einem Urteil zur Verfassungsmäßigkeit der Grundmandatsklausel des § 6 Abs. 6 S. 1 Halbsatz 2 BWahlG zur Differenzierung des Erfolgswerts der Wählerstimmen hat das Verfassungsgericht generelle Aussagen zu zwingenden Gründen getätigt, wobei deren Verfassungsmäßigkeit zweifelhaft ist.[244]

In seinen Ausführungen zur Urteilsbegründung hat das Gericht klargestellt, dass sich die Differenzierung des Erfolgswerts der Wählerstimmen nicht als zwangsläufig darstellt. Dies wäre beispielsweise im Falle einer Kollision zwischen Wahlrechtsgleichheit mit den anderen Wahlrechtsgrundsätzen anders. Vielmehr werden Gründe als zwingend angesehen, wenn diese durch die Verfassung als solche legitimiert sind und eine Bedeutung haben, die der Wahlrechtsgleichheit nicht nachsteht. Hierfür ist es nicht notwendig, dass die Verfassung diese „Gründe zu verwirklichen gebietet".[245]

Eine Differenzierung des Erfolgswerts ist nach Auffassung des Verfassungsgerichts auch dann zulässig, wenn sich für sie „zureichende, aus der Natur des Sachbereichs der Wahl der Volksvertretung sich ergebende Gründe" anführen lassen. Zu dem letztgenannten Punkt gehören insbesondere die Ziele, die mit der Parlamentswahl als solcher verfolgt werden, wie die Sicherung des Integrationscharakters der Wahl bei der politischen Willensbildung in der Wählerschaft und die

---

242 *Richter*, Wahlen im Internet rechtsgemäß gestalten, S. 97.

243 *Pagenkopf*, in: *Sachs/et al.* Grundgesetz Kommentar, Art. 10 Rn. 14b.

244 *Roth*, Mit drei Direktmandaten in den Bundestag? – Zur Verfassungswidrigkeit der Grundmandatsklausel, NJW 1994, 3269, (S. 3271).

245 BVerfG, Urteil vom 10.04.1997 – 2 BvC 3/96, NJW 1997, 1568, S. 1568.

Funktionsfähigkeit des Parlaments. Weiterhin müssen diese Maßnahmen – wie beispielsweise die differenzierte Regelung beim Erfolgswert – geeignet und erforderlich sein, um den gewünschten Zweck zu erreichen, und darüber hinaus muss der Gesetzgeber sorgfältig entscheiden, mit welcher Intensität er in das jeweilige Wahlrecht eingreifen wird.[246]

Das Bundesverfassungsgericht hat in anderen Urteilen weitere Ziele als zwingend eingestuft, so dass die Einschränkung der Wahlrechtsgrundsätze zur Erreichung dieser Ziele verfassungsrechtlich akzeptiert sind. Die Handlungsfähigkeit des Parlaments, insbesondere in Bezug auf Fragen der Sperrklausel oder auf Unterschriftenquoren, ist laut dem Verfassungsgericht ein solcher zwingender Grund, der als eigenständiger hervorgehoben wurde.[247]

V. Die Rolle der Parteien

Die gestiegene Komplexität und Unübersichtlichkeit von politischen Zusammenhängen machte es bereits in den 1950er Jahren für den Einzelnen zunehmend schwierig, sie zu verstehen und auf Grundlage dieses Verständnisses gemeinsamen Interessen durchzusetzen.

Bereits in den Verhandlungen der Tagung der deutschen Staatsrechtslehrer in Wien am 9. und 10. Oktober 1958 hat Konrad Hesse formuliert, dass die Aufgabe der Parteien als *„Zwischengliedern zwischen den Einzelnen und den Staat, nicht nur um der Durchsetzung der jeweils gemeinsamen Interessen willen, sondern vor allem, weil die wachsende Komplizierung der Verhältnisse mit einer immer geringer werdenden Überschaubarkeit und Durchsichtigkeit der politischen Zusammenhänge einhergeht und die gestaltende Formung der Meinungen und Strömungen notwendig macht.".*[248]

Es ist davon auszugehen, dass sich diese Komplexität und diese Unübersichtlichkeit in den vergangenen 70 Jahren – aufgrund verschiedener Prozesse wie beispielsweise der Europäisierung, der Globalisierung aber auch der Digitalisierung – real deutlich erhöht haben und dass hierdurch die Bedeutung von Parteien als vermittelnde und erklärende Instanz weiter gestiegen ist. Hierbei

---

246 BVerfG, Urteil vom 10.04.1997 – 2 BvC 3/96, NJW 1997, 1568, S. 1568.

247 BVerfG, Urteil vom 05.04.1952 – 2 BvH 1/52, BeckRS 1952, 191, Rn. 130.

248 *Hesse*, in: *Hesse*, Berichte und Auszug aus der Aussprache zu den Berichten in den Verhandlungen der Tagung der deutschen Staatsrechtslehrer zu Wien am 9. und 10. Oktober 1958, S. 19.

geht es um die Förderung der politischen Teilhabe der Bürger am Staatswillens-
bildungsprozess.[249]

Darüber hinaus nimmt die Bedeutung durch die Verschiebung der Gesetzgebung und der entsprechenden Initiativen von den Parlamenten (Legislative)
hin zur Regierung (Exekutive) bzw. den Regierungschefs und den Parteivorsitzenden innerhalb des Staates zu. Insbesondere bei bund- und länderübergrei-
fenden Initiativen ist zu beobachten, dass die Position der Ministerpräsidenten
und des Bundeskanzlers aber auch die der Parteivorsitzenden der Oppositions-
parteien, die häufig in einzelnen Bundesländern mitregieren, immer dominan-
ter wird.[250]

Zwischen der Bundeskanzlerin, den Parteivorsitzenden und den Ministerpräsidenten wurden beispielsweise während der Corona-Pandemie die wesentlichen Leitlinien abgestimmt und dann in Form von Gesetzen in die jeweiligen
Parlamente eingebracht. Hierdurch stieg die Bedeutung der Parteien als solche.

Eine „reine" Parteienwahl, also eine Bundestagswahl, bei der sich die Parteien als solche zur Wahl stellen, ist nicht zulässig, da Art. 38 Abs. 1 S. 1 GG
ausdrücklich die Abgeordneten nennt, die in allgemeiner, unmittelbarer, freier,
gleicher und geheimer Wahl zu wählen sind.[251]

Dennoch spielen die Parteien im Wahlprozess eine wichtige Rolle. Gemäß
Art. 21 GG wirken Parteien bei der politischen Willensbildung mit. Darüber
hinaus hat das Bundesverfassungsgericht 1992 in einem Urteil festgestellt, dass
es wichtig ist „die Bürger freiwillig zu politischen Handlungseinheiten mit dem
Ziel der Beteiligung an der Willensbildung in den Staatsorganen organisatorisch zusammenzuschließen und ihnen so einen wirksamen Einfluss auf das
staatliche Geschehen zu ermöglichen."[252]

Hieraus ergeben sich zwei grundsätzlich unterschiedliche Gründe, aus denen
Parteien in einer repräsentativen Demokratie notwendig sind. Zum einen werden sowohl die Bewerber der Wahlkreise als auch die Landeslisten der einzelnen Parteien durch diese selbst bestimmt (Einzelbewerber sind unter engen
Grenzen allerdings ebenfalls zulässig)[253] und zum anderen werden die politischen Positionen der Parteien erarbeitet und in Wahlprogrammen festgehalten.

---

249 *Schmitt/Glaeser*, in: *Isensee/Kirchhof*, Handbuch des Staatsrechts Band III: Demo-
     kratie – Bundesorgane, § 38 Mitwirkung an der Willensbildung Rn. 26.

250 *Schmitt/Glaeser*, in: *Isensee/Kirchhof*, Handbuch des Staatsrechts Band III: Demo-
     kratie – Bundesorgane, § 38 Mitwirkung an der Willensbildung Rn. 44.

251 *Klein/Schwarz*, in: *Maunz/Dürig*, Grundgesetz: Kommentar, Art. 38 Rn. 72.

252 BVerfG, Urteil vom 09.04.1992 – 2 BvE 2/89, BVerfGE 85, 264, S. 284.

253 *Klein/Schwarz*, in: *Maunz/Dürig*, Grundgesetz: Kommentar, Art. 38 Rn. 72.

Diese Wahlprogramme dienen der Entscheidungsfindung des Wählers, wenn er sich die Frage stellt, welcher Partei er seine Stimme geben sollte.[254]

Hierdurch werden Wahlen zu Richtungsentscheidungen, da der Wähler seine Stimme einer Partei mit einem vorher festgelegten Personaltableau und einem Programm gibt und gleichzeitig auch über die Anzahl der Sitze, die die jeweilige Partei im zu konstituierenden Parlament einnimmt, entschieden wird.[255]

Trotz der beschriebenen Richtungsentscheidung, die jeder Wähler mit seiner Stimmabgabe trifft, ist es dennoch fragwürdig, ob die Glaubwürdigkeit einer Partei an der Umsetzung deren Wahlprogramms zu messen ist.[256]

Zu bedenken ist zunächst, dass die Abgeordneten gerade in ihrer Entscheidung frei sind, so dass geänderte Vorstellungen der Abgeordneten im Hinblick darauf, zu welchem Ergebnis die Politik führen soll, später zu einem anderen Abstimmungsverhalten führen können. Noch wichtiger ist aber darüber hinaus, dass sich die Fraktionen innerhalb eines Parlaments auf handlungsfähige Regierungen einigen und hierdurch Kompromisse eingehen müssen. Gerade dabei kann das Beharren einer Partei zu größeren Problemen führen und eine Regierungsbildung unmöglich machen.[257]

---

254 BVerfG, Urteil vom 09.04.1992 – 2 BvE 2/89, NJW 1992, 2545, S. 2546.
255 *Klein/Schwarz*, in: *Maunz/Dürig*, Grundgesetz: Kommentar, Art. 38 Rn. 73.
256 *Klein/Schwarz*, in: *Maunz/Dürig*, Grundgesetz: Kommentar, Art. 38 Rn. 74.
257 *Klein/Schwarz*, in: *Maunz/Dürig*, Grundgesetz: Kommentar, Art. 38 Rn. 74.

D. Das Wahlgeräte-Urteil und dessen Anwendbarkeit auf Online-Wahlen

Für die Wahl zum 16. Deutschen Bundestag im Jahr 2005 wurden erstmals rechnergesteuerte Wahlcomputer eingesetzt und von ca. 2.500.000 Wählern genutzt. Es kamen Wahlcomputer der niederländischen Firma Nedap zum Einsatz, die dezentral in den Wahllokalen aufgebaut wurden und auf einem herausnehmbaren Speicherchip die Stimmen zwecks Anonymisierung in zufälliger Reihenfolge speicherten. Nach Schließung der Wahllokale konnten die Stimmen für die jeweiligen Wahlvorschläge angezeigt und auf Wunsch des Wahlvorstandes auch ausgedruckt werden.[258] Um den Einsatz derartiger Wahlcomputer zu ermöglichen, wurde bereits vor der Europawahl im Jahr 1999 eine Bundeswahlgeräteverordnung (BWahlGV) durch die Bundesregierung erlassen.[259] Im März 2009 erklärte das Bundesverfassungsgericht nach zwei Wahlprüfungsbeschwerden, dass sowohl der Einsatz von Wahlcomputern bei der Bundestagswahl als auch die zugrunde liegende Wahlgeräteverordnung mit dem Grundgesetz (GG) unvereinbar sind.[260]

Der Zwiespalt des Verfassungsgerichts bei der Urteilsfindung war offensichtlich. Auf der einen Seite musste es die rechtlichen Grenzen für den Einsatz solcher Wahlgeräte aufzeigen, auf der anderen Seite wollte es den Eindruck vermeiden, es sei technologiefeindlich. Aus diesem Grunde haben die Verfassungsrichter Anforderungen formuliert, die ein verfassungskonformer Wahlcomputer erfüllen muss.[261]

Zwar hatte die Physikalisch-Technische Bundesanstalt (PTB) die Prüfung erfolgreich durchgeführt; jedoch bewiesen sich diese Prüfverfahren als ungeeignet, um Manipulationsversuche in Programmen zu erkennen und Sicherheitslücken in komplexen Softwarelösungen aufzuzeigen.

258 *Haibl/Hötzel*, Verfassungskonformer Einsatz rechnergesteuerter Wahlgeräte, S. 113.
259 *Richter*, Wahlen im Internet rechtsgemäß gestalten, S. 57.
260 BVerfG, Urteil vom 03.03.2009 – 2 BvC 3/07, BVerfGE 123, 39–88.
261 *Will*, Wahlcomputer und der verfassungsrechtliche Grundsatz der Öffentlichkeit der Wahl, NVwZ 2009, 700, (S. 701).

I. Die Kritik an den verwendeten Wahlgeräten der Firma Nedap

Nach der Zulassung der Nedap Wahlgeräte wurden diese bereits im Jahr 2002 in 29 Kommunen in 1.400 Stimmbezirken eingesetzt und bei der Bundestagswahl haben bereits mehr als 2,5 Millionen Wählen ihre Stimme elektronisch abgegeben, wobei in 2.100 der 80.000 Wahllokale ausschließlich elektronisch gewählt werden konnte. Zum Beispiel konnte die Stadt Köln die Anzahl der Wahlhelfer durch den Einsatz der Wahlcomputer von 5.600 auf 2.700 reduzieren und ebenfalls die Anzahl der Stimmbezirke von 800 auf 540 verringern.[262]

Die Kritik an den eingesetzten Systemen der Firma Nedap war vielfältig. Primär wurde bemängelt, dass die Manipulationsfreiheit durch die Wahlorgane nicht überprüft werden konnte, da der Aufbau und die Funktionsweise der Geräte unbekannt waren und geheimgehalten wurden.[263] Außerdem weigerte sich das zuständige Ministerium mit Hinweis auf die Unternehmensgeheimnisse der Firma Nedap, der interessierten Öffentlichkeit die Unterlagen zur Verfügung zu stellen, die der PTB zur Prüfung vorgelegt wurden.[264]

Zur Durchführung einer Bundestagswahl mussten die eingesetzten Wahlgeräte (Modelle ESD1 [HW 1.02; SW 2.02], ESD1 [HW 1.02; SW 2.07], ESD1 [HW 1.03; SW 3.08], ESD1 [HW 1.04; SW 3.08] und ESD2 [HW 1.01; SW 3.08])[265] konfiguriert werden. Hierzu mussten vorab die Wahlmöglichkeiten auf dem Erasable programmable Read-only-Memory (EPROM) hinterlegt werden und das Wahllokal musste eingegeben werden.[266] Die EPROMs wurden in die Wahlgeräte auf der Rückseite eingelegt und haben neben der beschriebenen Konfiguration später auch abgegebene Stimmen enthalten. Weiterhin wurde

---

262 *Will*, Wahlcomputer auf dem verfassungsrechtlichen Prüfstand, CR 2008, 540–544, (S. 541).

263 BVerfG, Urteil vom 03.03.2009 – 2 BvC 3/07, BVerfGE 123, 39–88, Rn. 72.

264 BVerfG, Urteil vom 03.03.2009 – 2 BvC 3/07, BVerfGE 123, 39–88, Rn. 31.

265 BVerfG, Urteil vom 03.03.2009 – 2 BvC 3/07, BVerfGE 123, 39–88, Rn. 2.

266 *Will*, Wahlcomputer auf dem verfassungsrechtlichen Prüfstand, CR 2008, 540–544, (S. 541).

Abb. 12: Foto eines verwendeten Wahlcomputers (ESD1)
(https://de.m.wikipedia.org/wiki/Nedap)

ein Stimmzettel generiert, der in die Wahlgeräte unter einer hierfür vorgesehenen transparenten Platte, Folientaster genannt, eingelegt wurde. Auf diesem Folientaster konnte der Wähler später ein Kreuzchen machen und seine Stimmabgabe gegebenenfalls vor der Abgabe noch einmal korrigieren. Die Stimmen wurden danach im EPROM anonym gespeichert. Nach Schließen der Wahllokale wurden die Speichermodule ausgelesen und das Ergebnis über den integrierten Drucker ausgedruckt.[267]

II. Erfolgreiche Manipulation der eingesetzten Wahlgeräte

Der Chaos-Computer-Club (CCC) erwarb einige der eingesetzten Wahlcomputer und disassemblierte die auf dem Gerät gespeicherte Softwarelösung. Hierbei wurde in weniger als fünf Minuten ein Zusatzprogramm auf dem EPROM

---

267 *Will*, Wahlcomputer auf dem verfassungsrechtlichen Prüfstand, CR 2008, 540–544, (S. 541).

installiert, „Nedap Power-Fraud" genannt, das abgegebene Stimmen in einem Zwischenspeicher ablegt und sie später einer anderen – zuvor eingestellten Partei – zuschlägt. Dies

wurde zur Tarnung nach dem Zufallsprinzip und auch nur für einen Teil der Stimmen durchgeführt; ein flächendeckender Einsatz des Mechanismus weist dennoch ein erhebliches Manipulationspotential auf. Der Zwischenspeicher wurde nach der finalen Speicherung geleert und die Manipulation war somit nicht mehr erkennbar. Bei dem Verfahren war zusätzlich selbst aus einigen Metern Abstand vom Computer ausgesendete Signale zu messen, anhand derer sich feststellen ließ, welche Stimme abgegeben wurde. Dies stellte zusätzlich eine Gefahr für das Wahlgeheimnis dar.[268]

Darüber hinaus kann der EPROM-Baustein nach Auffassung des CCC binnen einer Minute aus dem Gerät entfernt und durch einen manipulierten Baustein ersetzt werden. Weiterhin wurde vonseiten der am Test Beteiligten ebenfalls bezweifelt, dass die Prüfung eines exemplarischen Wahlcomputers (Baumusterprüfung) durch das PTB ausreichend ist.[269] Durch diese Prüfung sei nicht sichergestellt, dass auf den in den Wahllokalen verwendeten Wahlcomputern ebenfalls die geprüfte Version der Software zum Einsatz kommt und diese nicht vor einer etwaigen Versiegelung verändert wurde. Die Baugleichheitserklärung des Herstellers könne hierfür nicht ausreichend sein, da diese nicht unabhängig überprüft wurde.[270] Darüber hinaus wurden die zur Sicherung des Gehäuses gegen Manipulation verwendeten Siegel kritisiert. Nedap hatte sich für ein preiswertes auf dem Markt verfügbares Fabrikat entschieden und es wurde weder durch Nedap noch durch die Wahlämter „Awareness" bei den Wahlvorständen dafür geschaffen, die Unversehrtheit der Siegel zu prüfen.[271]

III. Gesellschaftlicher Diskurs zum Einsatz von Wahlcomputern

Nach dem Urteil des Bundesverfassungsgerichts und angesichts der übergeordneten Bedeutung des Urteils ist es umso erstaunlicher, dass eine gesellschaftliche

---

268 *Schiedermair,* Gefährden Wahlcomputer die Demokratie?, JZ 2007, 162–171, (S. 163).

269 *Rieger/Kurz,* Datenschutz und Datensicherheit: DuD: Recht und Sicherheit in Informationsverarbeitung und Kommunikation, DuD 02/2009 S. 84–87, (87).

270 BVerfG, Urteil vom 03.03.2009 – 2 BvC 3/07, BVerfGE 123, 39–88, Rn. 40.

271 *Rieger/Kurz,* Datenschutz und Datensicherheit: DuD: Recht und Sicherheit in Informationsverarbeitung und Kommunikation, DuD 02/2009 S. 84–87, (85).

Debatte über den Einsatz von Wahlcomputern in Öffentlichkeit und Politik ausbleibt und in Deutschland nahezu nur unter Experten stattfindet. Anders war dies beispielsweise in den Niederlanden, in denen ebenfalls Geräte der Firma Nedap eingesetzt wurden und die im Ergebnis zum Verbot der Wahlcomputer führte.[272] In Deutschland hat erst das Verfassungsgerichtsurteil die rechtliche Grundlage für den Einsatz der Wahlgeräte für nichtig erklärt.[273]

Die öffentliche Diskussion über die Nutzung von Wahlcomputern unterschiedlicher Art ist keinesfalls auf Deutschland und die Niederlande beschränkt. In anderen Ländern haben sich Bürgerinitiativen gegründet und es wurden Forschungsaufträge zur Bewertung der unterschiedlichen Wahlsysteme vergeben.[274]

So wurde beispielsweise in einer Studie des Brennan Center for Justice an der NYU School of Law festgestellt, dass die unterschiedlichen Wahlcomputer der drei verschiedenen Typen durchweg kleinere und größere Sicherheitsmängel aufweisen.

Analysiert wurden Geräte der Typen:

- Elektronische Wahlsysteme mit direkter Aufzeichnung (DREs)
- DREs mit einem vom Wähler überprüfbaren Papierprotokoll (DREs VVPT)
- Systeme mit optischer Zählung in den Bezirken (PCOS)

Hierbei wurde festgestellt, dass die drei geprüften unterschiedlichen Wahlgerätetypen insgesamt 120 Sicherheitsprobleme aufweisen.[275]

Darüber hinaus haben Wahlcomputer in den USA bereits zu erheblichen Wahlfehlern geführt. Beispielsweise wurden bei den Vorwahlen zum Kongress in Texas in Fort Worth an den Wahlcomputern 150.000 Stimmen gezählt, obwohl nur 50.000 Wähler ihre Stimme abgegeben hatten.[276] Die vorgenannten Ausführungen zeigen die Auswirkungen, die fehlerhafte Wahlgeräte auf den Ausgang einer Wahl haben können, – auch ohne bewusste Manipulation.

---

272 *Will*, Wahlcomputer auf dem verfassungsrechtlichen Prüfstand, CR 2008, 540–544, (S. 542 f).

273 BVerfG, Urteil vom 03.03.2009 – 2 BvC 3/07, BVerfGE 123, 39–88.

274 *Ziegler*, Studie warnt vor zahlreichen Manipulationsmöglichkeiten bei US-Wahlmaschinen, http://bit.ly/3WtFGrd (abgerufen am 21.01.2023).

275 *Norden*, The machinery of democracy: protecting elections in an electronic world, https://bit.ly/3J4Zs9b (abgerufen am 21.01.2023), S. 3.

276 *Schiedermair*, Gefährden Wahlcomputer die Demokratie?, JZ 2007, 162–171, (S. 163).

IV. Zulassung von Wahlcomputern

Das einfache Recht in Deutschland sah eine mehrstufige Überwachung der Wahlgeräte vor. So musste ein Gerätehersteller gemäß § 2 Abs. 6 BWahlGV[277] jedem während der Wahl verwendeten Wahlcomputer eine Baugleichheitserklärung beilegen und auf diese Weise belegen, dass dieses dem durch die Bundesanstalt geprüften Gerät entsprach. Darüber hinaus bedurfte es gemäß § 4 Abs. 1 BWahlGV[278] vor der Verwendung eines Wahlcomputers bei einer bestimmten Wahl der Genehmigung durch das Bundesministerium des Inneren. Hatte ein Wahlcomputer dieses zweistufige Zulassungsverfahren durchlaufen, wurde er vor dem Einsatz im Wahllokal gemäß § 7 Abs. 1 BWahlGV erneut durch die Vertreter der Gemeinde, die sich bei der Wahl dieser Geräte bediente, oder durch den Hersteller auf seine Funktionstüchtigkeit hin untersucht.[279]

Darüber hinaus konnte der Kreiswahlleiter oder ein durch ihn Beauftragter gemäß § 7 Abs. 2 BWahlGV[280] die Wahlgeräte und verwendete externe Datenträger überprüfen, die Beseitigung etwaiger Mängel anordnen und darüber hinaus auch einzelne Geräte sperren.

Eine den Anforderungen des Bundesverfassungsgericht entsprechende Regelung der Nachprüfung des Wahlergebnisses enthielt § 35 BWahlG[281] hingegen nicht. Bei den verwendeten Baumustern wurden die Stimmen ausschließlich im Gerät gespeichert. Bei der als Nedap Power-Fraud bezeichneten

---

277   Verordnung über den Einsatz von Wahlgeräten bei Wahlen zum Deutschen Bundestag und der Abgeordneten des Europäischen Parlaments aus der Bundesrepublik Deutschland, veröffentlichten am 3. September 1975 (BGBl. I S. 2459) zuletzt geändert durch Art. 1 VO vom 20. April 1999 veröffentlicht (BGBl. I S. 749).

278   Verordnung über den Einsatz von Wahlgeräten bei Wahlen zum Deutschen Bundestag und der Abgeordneten des Europäischen Parlaments aus der Bundesrepublik Deutschland, veröffentlichten am 3. September 1975 (BGBl. I S. 2459) zuletzt geändert durch Art. 1 VO vom 20. April 1999 veröffentlicht (BGBl. I S. 749).

279   *Schiedermair*, Gefährden Wahlcomputer die Demokratie?, JZ 2007, 162–171, (S. 167).

280   Verordnung über den Einsatz von Wahlgeräten bei Wahlen zum Deutschen Bundestag und der Abgeordneten des Europäischen Parlaments aus der Bundesrepublik Deutschland, veröffentlichten am 3. September 1975 (BGBl. I S. 2459) zuletzt geändert durch Art. 1 VO vom 20. April 1999 veröffentlicht (BGBl. I S. 749).

281   Bundeswahlgesetz in der Fassung der Bekanntmachung vom 23. Juli 1993 (BGBl. I S. 1288, 1594), das zuletzt durch Artikel 2 des Gesetzes vom 3. Juni 2021 (BGBl. I S. 1482) geändert worden ist.

Vorgehensweise wäre eine derartige Manipulation später nicht mehr nachvollziehbar, da die Stimmen nicht separat gespeichert wurden und somit zur späteren Kontrolle nicht verfügbar waren. Bei einer Wahlprüfungsbeschwerde konnte somit das Wahlergebnis nachträglich nicht komplett geprüft werden, da eine unabhängige Kontrollmöglichkeit fehlte und die Kontrollfunktion den vom Bundesverfassungsgericht vorgegebenen Möglichkeiten zur Wahlprüfung nicht beziehungsweise nicht ausreichend genügte.[282]

V. Verfassungswidrigkeit der Bundeswahlgeräteverordnung

Im Ergebnis erklärte der zweite Senat des Bundesverfassungsgerichts die Bundeswahlgeräteverordnung für verfassungswidrig, da diese den Verfassungsgrundsatz der Öffentlichkeit der Wahl (Art. 38 GG) nicht sicherstelle. Der Einsatz von Computern könne verfassungskonform nur erfolgen, wenn die *„große Breitenwirkung möglicher Fehler an den Wahlgeräten oder gezielter Wahlfälschungen"* ausgeschlossen sei. Dies *„gebiet besondere Vorkehrungen zur Wahrung des Grundsatzes der Öffentlichkeit der Wahl".*[283] Weiterhin sei es notwendig, dass *„die wesentlichen Schritte der Wahlhandlung und der Ergebnisermittlung vom Bürger zuverlässig und ohne besondere Sachkenntnis überprüft werden können."*[284] Die sog. Laienkontrolle durch den Wähler müsse auch beim Einsatz von Wahlcomputern grundsätzlich ermöglicht werden.

Darüber hinaus führte das Verfassungsgericht in seinem Urteil aus, dass die Prüfung der Wahlcomputer nicht öffentlich stattgefunden hat und der Öffentlichkeit kein Exemplar zur Prüfung zur Verfügung gestellt wurde (Publizitätsgrundsatz).[285]

An den verfassungsrechtlichen Grundsätzen lassen sich zwei Dimensionen unterscheiden: Aus ihnen ergeben sich zum einen subjektive Rechte; zum anderen gelten sie auch objektiv. In dieser zweiten Eigenschaft stellen sie Maßstäbe dar, an denen sich ein neues Wahlverfahren messen lassen muss, um sicherzustellen, dass es der Gewählten Legitimation verschafft. Dabei sind die

---

282 *Schiedermair*, Gefährden Wahlcomputer die Demokratie?, JZ 2007, 162–171, (S. 167).

283 BVerfG, Urteil vom 03.03.2009 – 2 BvC 3/07, BVerfGE 123, 39–88, Rn. 118.

284 BVerfG, Urteil vom 03.03.2009 – 2 BvC 3/07, BVerfGE 123, 39–88.

285 BVerfG, Urteil vom 03.03.2009 – 2 BvC 3/07, BVerfGE 123, 39–88, Rn. 37.

Grundsätze in ihrer Auslegung keinesfalls statisch, sondern müssen fortlaufend an gesellschaftliche Veränderungen angepasst werden.[286]

In diesen Kontext gehört, dass das Bundesverfassungsgericht auch generelle Ausführungen zur Sicherheit und Vertrauenswürdigkeit von fehleranfälliger Technik als solcher getätigt hat, anhand derer grundsätzliche Designregeln für IT-Systeme entwickelt werden können. Der Einzelne soll darauf vertrauen dürfen, dass der Staat auf die Integrität und Vertraulichkeit derartiger Systeme achtet. Diese Anforderung geht auch weit über die Wahlgeräte hinaus. Hieraus kann ein grundsätzliches Designprinzip für Verfahren, derer sich ein Staat bei der Wahrnehmung seiner Aufgaben in Gänze bedient, abgeleitet werden.[287]

Grundsätzlich unterliegen Wahlen den allgemeinen Anforderungen an die Rechtmäßigkeit von Verwaltungshandeln. Insbesondere sind die verfassungsrechtlichen Vorgaben an die demokratische Legitimation der Repräsentanten der Demokratie als einschlägig zu bewerten. Die Verwaltung hat somit die Aufgabe, die vom Bundesverfassungsgericht herausgearbeiteten Wahlrechtsgrundsätze bei Wahlen umzusetzen, und kann sich nicht über diese Pflicht hinwegsetzen. Neben allen Kritikpunkten des Verfassungsgerichts an der Bundeswahlgeräteverordnung bleibt festzuhalten, dass es Online-Wahlen nicht grundsätzlich für verfassungswidrig erklärt hat.[288]

VI. Beeinträchtigung von Schutzrechten durch die §§ 13–16 Bundeswahlgeräteverordnung

Der Schutzbereich „Öffentlichkeit der Wahl", der sowohl die Stimmabgabe als auch die Ergebnisermittlung umfasst und dies ohne besondere Sachkenntnis des Wählers, muss gewahrt bleiben. Deutlich wird dies insbesondere angesichts der Manipulationsmöglichkeiten bei elektronischen Wahlgeräten und der Auswirkung, die es hätte, wenn alle Geräte von der Manipulation oder einem Softwarefehler betroffen wären. Die Anforderungen, die aus dem Schutzwirkung diesem Wahlrechtsgrundsatz resultieren, hat die Bundeswahlgeräteverordnung nach zutreffender Auffassung des Bundesverfassungsgerichts nicht

---

286 S. *Bretthauer*, Online-Wahlen zu Parlamenten als modernes Instrument demokratischer Partizipation in Zeiten von Pandemie und Digitalisierung, KritV Kritische Vierteljahresschrift für Gesetzgebung und Rechtswissenschaft, 3–33 (S. 17).

287 D. *Heckmann*, Anmerkung zur Wahlcomputerentscheidung des Bundesverfassungsgerichts, jurisPR-ITR 6/2009 Anm. 2.

288 *Spiecker/Bretthauer*, Die rechtliche Zulässigkeit einer Online-Wahl zur Sozialwahl, (S. 5).

hinreichend gewürdigt, insbesondere enthielt dieses Gesetz keine Regelungen dazu, dass nur Geräte eingesetzt werden dürfen, die eine Prüfung der Stimmabgabe und die nachträgliche Kontrolle durch den Wähler ermöglichen. Paragraf 15 Abs. 3 BWahlGV[289] bestimmt, dass die Behältnisse, in denen sich die Stimmspeicher befinden, nach Auszählung zu versiegeln sind, und § 16 BWahlGV normiert, dass sie vor ungerechtfertigtem Zugriff zu schützen sind. Diese Vorkehrungen sind nicht ausreichend, um die Wahl vor Manipulationen zu schützen. Auch § 13 BWahlGV, der den quantitativen Vergleich der abgegebenen Erst- und Zweitstimmen mit den auf dem Wahlgerät gezählten Stimmen fordert, stellt nicht sicher, dass die Stimmen so gezählt werden, wie diese durch den Wähler abgegeben wurden.[290]

Darüber hinaus existieren nach Auffassung des Bundesverfassungsgerichts keine Rechtfertigungsgründe für den Einsatz elektronischer Wahlgeräte, die die vorgenannten Beeinträchtigungen wettmachen können. Weiterhin existiert nach gleicher Auffassung kein Spannungsverhältnis zwischen dem Wahlgeheimnis und der Öffentlichkeit der Wahl, das durch Wahlgeräte aufgelöst würde und die oben genannten Beeinträchtigungen rechtfertigen könnte, da der Öffentlichkeitsgrundsatz gerade nicht für die Stimmabgabe gilt.[291]

Unabhängig der vorgenannten Argumente ist es dem Gesetzgeber unbenommen, den Einsatz von Wahlgeräten politisch zu fordern und eine verfassungskonforme Wahlgeräteverordnung zu erlassen, die die oben aufgeführten Beeinträchtigungen abstellt.[292] Eine Möglichkeit, die Anforderungen der Verfassung zu erfüllen, könnte sein, dass notwendige Sicherheitsanforderungen festgelegt und möglichst generisch, technikneutral in die Bundeswahlgeräteverordnung aufgenommen werden. Eine Anforderung des Verfassungsgerichts könnte z.b. durch eine Speicherform sichergestellt werden, die nach dem erstmaligen Speichervorgang unveränderbar ist. Wird diese andere/neue Speicherform um die Möglichkeit ergänzt, dass der Wähler und nur er selbst diese

---

289   Verordnung über den Einsatz von Wahlgeräten bei Wahlen zum Deutschen Bundestag und der Abgeordneten des Europäischen Parlaments aus der Bundesrepublik Deutschland, veröffentlichten am 3. September 1975 (BGBl. I S. 2459) zuletzt geändert durch Art. 1 VO vom 20. April 1999 veröffentlicht (BGBl. I S. 749).

290   *Heinze*, Systematisches Fallrepetitorium Verfassungsrecht: Staatsorganisationsrecht, Grundrechte, Europarecht, S. 100 ff.

291   *Heinze*, Systematisches Fallrepetitorium Verfassungsrecht: Staatsorganisationsrecht, Grundrechte, Europarecht, S. 100 ff.

292   *Heinze*, Systematisches Fallrepetitorium Verfassungsrecht: Staatsorganisationsrecht, Grundrechte, Europarecht, S. 105 f.

Stimme nach Abgabe überprüfen kann, ist sichergestellt, dass tatsächlich die
Stimme gezählt wird, die abgegeben wurde. Wird darüber hinaus das Verfahren vollumfänglich zur Prüfung veröffentlicht und die Prüfung durch Gutach-
ten geeigneter Stellen des Bundes und privater Vereine wie dem CCC ergänzt,
ist sichergestellt, dass die Software nicht manipuliert wird. Die Wahlvorstände – ergänzt um die Wähler in den Wahllokalen – haben ihrerseits dafür
zu sorgen, dass auch während der Öffnung der Wahllokale keine Manipulationen vorgenommen werden können. Ein Wahlverfahren, das die vorgenannten
Anforderungen erfüllt, wird im Weiteren konkret beschrieben.

VII. Anwendbarkeit des Wahlgeräteurteils auf Online-Wahlen

Online-Wahlen müssen grundsätzlich von Präsenzwahlen abgegrenzt werden,
da die Online-Wahl eine Variante der Fernwahl ist. Die Präsenzwahl mithilfe
von Wahlcomputern findet als Ersatz der Urnenwahl in einem gesicherten
Netzwerk in einer geschützten Umgebung im Wahllokal an bekannten Wahlgeräten statt. Bei der Online-Wahl findet die Stimmabgabe über das Internet
mithilfe von unbekannten internetfähigen Endgeräten statt.

In seinem Urteil hatte das Bundesverfassungsgericht die Bundeswahlgeräteverordnung zu prüfen, da diese Gegenstand des Verfahrens war.[293]

Spiecker und Bretthauer haben in einem Aufsatz[294] dafür argumentiert, dass
aus diesem Grunde das Wahlgeräte-Urteil des Bundesverfassungsgerichts nicht
auf Online-Wahlen anzuwenden ist. Hier stellt sich die Frage, ob diese Rechts-
auffassung insbesondere aus einer technischen Perspektive zu halten ist.

Bezüglich der Anforderungen aus dem Wahlgeräte-Urteil[295] könnte der Einschätzung der Autoren insoweit gefolgt werden, dass diese Anforderungen für
eine technisch gestützte Präsenzwahl ausreichend sein werden. Mit einem holis-
tischen Blick auf eine technische Realisierung des Maximalszenarios inklusive
Fern- und Präsenzwahl dürfte ein objektiver Betrachter zu dem Ergebnis kommen, dass eine Differenzierung der unterschiedlichen Wahlformen technisch
zumindest keinen Sinn ergibt. Technisch kann und sollte bei einer möglichen
Umsetzung nicht davon ausgegangen werden, dass ein lokales Netzwerk in den
Wahllokalen in jeder Hinsicht manipulationssicher oder die Endgeräte frei von
Schadcode oder Fehlern sind. Vielmehr sollten sich, wie dies heute der Fall ist,

293   *Spiecker/Bretthauer*, Die rechtliche Zulässigkeit einer Online-Wahl zur Sozialwahl,
       (S. 6).
294   *Spiecker/Bretthauer*, Die rechtliche Zulässigkeit einer Online-Wahl zur Sozialwahl.
295   BVerfG, Urteil vom 15. Dezember 1983 – 1 BvR 209/83, BVerfGE 65, 1.

die Wahlformen faktisch nur darin unterscheiden, wo und wie die Stimme abgegeben und/oder versandt wird; ansonsten sollten die gleichen, technischen Anforderungen für beide Wahlformen gelten, da Präsenz- und Fernwahl sich im Maximalszenario zukünftig noch deutlich ähnlicher sein werden.

Bei der Fernwahl wird man im Hinblick auf den Publizitätsgrundsatz weiterhin Einschränkungen in Kauf nehmen müssen, da bei der Abgabe der Stimme die Öffentlichkeit (im Sinne der „Publizität") nicht hergestellt sein wird. Darüber hinaus gibt es keine Notwendigkeit, für die technisch gestützte Präsenzwahl ein geringeres Sicherheitsniveau zu akzeptieren. Für sie sollte vielmehr die gleiche technische Implementierung angestrebt werden.

E. Online-Wahlen: Rechtliche Möglichkeiten

Für den Begriff Online-Wahl existierte bisher keine Legaldefinition in Form einer Aufzählung konstitutiver Merkmale. Vielmehr wurden in der Diskussion zu diesem Thema im Deutschen verschiedene Bezeichnungen wie eVoting, Online-Wahlen, Internetwahlen oder Telemedienwahlen synonym verwendet.[296]

Der neue § 194a SGB V,[297] der speziell für ein Modellprojekt zu Online-Wahlen eingeführt wurde, legt nunmehr erstmalig eine Definition fest. Dieser Paragraf sieht vor, dass die Sozialwahlen 2023 in einem „elektronischen Wahlverfahren über das Internet (Online-Wahl) durchgeführt" werden sollen. Somit existiert erstmalig eine einfachgesetzliche Legaldefinition des Begriffs Online-Wahl im deutschen Recht. Durch diese Definition wird festgelegt, dass die Stimmabgabe über das Internet mit einem beliebigen Endgerät stattfinden kann und definiert diese nicht als eine abgewandelte Form der Präsenzwahl, sondern als Fernwahl ähnlich der Briefwahl.[298]

I. Online-Wahlen während der Pandemie

In den Jahren 2020–2022 wurden verschiedene Wahlen (Wahlen zu nationalen oder regionalen Parlamenten, Aufstellungen der Kandidaten und Reservelisten in den Parteien, Wahlen zu Vorständen in Verbänden, Kammern und Vereinen) verschoben, da die Einberufung der möglichen Delegierten, Bürger, Mitglieder oder Wähler nicht zulässig und auch angesichts der pandemischen Lage nationaler Tragweite, welche gemäß § 5 Infektionsschutzgesetz (IfSG)[299] durch

---

296 *S. Bretthauer*, Online-Wahlen zu Parlamenten als modernes Instrument demokratischer Partizipation in Zeiten von Pandemie und Digitalisierung, KritV Kritische Vierteljahresschrift für Gesetzgebung und Rechtswissenschaft, 3–33 (S. 11).

297 Das Fünfte Buch Sozialgesetzbuch – Gesetzliche Krankenversicherung – (Artikel 1 des Gesetzes vom 20. Dezember 1988, BGBl. I S. 2477, 2482), das zuletzt durch Artikel 14 des Gesetzes vom 10. Dezember 2021 (BGBl. I S. 5162) geändert worden ist.

298 *S. Bretthauer*, Online-Wahlen zu Parlamenten als modernes Instrument demokratischer Partizipation in Zeiten von Pandemie und Digitalisierung, KritV Kritische Vierteljahresschrift für Gesetzgebung und Rechtswissenschaft, 3–33 (S. 11).

299 Gesetz zur Verhütung und Bekämpfung von Infektionskrankheiten beim Menschen (Infektionsschutzgesetz – IfSG) vom 20. Juli 2000 (BGBl. I S. 1045), das

den Bundestag festgestellt worden war, nicht vertretbar war. Beispielsweise wurde die Aufstellung der Landesliste der CDU in Sachsen-Anhalt verschoben, sogar mehrfach. Darüber hinaus wurden auch regionale Parlamentswahlen wie beispielsweise die Wahlen zum Landtag in Thüringen 2021 oder die Wahlen zum neuseeländischen Parlament 2020 verschoben. Beides war aufgrund fehlender verfassungsrechtlicher Möglichkeiten nur in Präsenz möglich.[300] Andere Wahlen wie beispielsweise die Wahl des Bundesvorsitzenden der CDU wurden digital durchgeführt, mussten aber aufgrund fehlender Regelungen in der Satzung der Partei durch eine Briefwahl bestätigt werden.[301] Die pandemische Lage nationaler Tragweite hat der bereits laufenden Diskussion über die Notwendigkeit von Online-Wahlen in Deutschland nachhaltig Vorschub geleistet, wie sich etwa an dem Modellprojekt für Sozialwahlen 2023 beobachten lässt.

Eine weitere neue und besorgniserregende Entwicklung war bei der Wahl der Duma in Russland zu beobachten. Neben der Tatsache, dass die russische Regierung die Organisation für Sicherheit und Zusammenarbeit in Europa (OSZE) faktisch von der Kontrolle der Wahl ausschloss und hierfür die Pandemie als Begründung anführte, wurde erstmalig ein Zugang zur Wahl über ein Online-Wahlverfahren eröffnet und auch intensiv beworben. Aufgrund fehlender Transparenz und verzögerter Auszählung der online abgegebenen Stimmen steht der Vorwurf einer massiven Wahlfälschung dieser Stimmen im Raum und erschüttert das Vertrauen in die Legitimation der Volksvertreter.[302] Derartigen Entwicklungen kann und muss mit vollständiger Transparenz begegnet werden.

Nachdem bereits weitere Länder wie die USA (bei den Präsidentschaftsvorwahlen), die Niederlande (Stimmabgabe von Wahlberechtigten im Ausland) oder Estland (Parlamentswahlen) Online-Wahlen eingeführt haben, ist nach langer Diskussion in Deutschland eine Online-Wahl bei den Sozialwahlen 2023 vorgesehen und möglich. Für dieses Modellprojekt wurde im Jahr 2020

---

zuletzt durch Artikel 2 des Gesetzes vom 10. Dezember 2021 (BGBl. I S. 5162) geändert worden ist.

300 *S. Bretthauer*, Online-Wahlen zu Parlamenten als modernes Instrument demokratischer Partizipation in Zeiten von Pandemie und Digitalisierung, KritV Kritische Vierteljahresschrift für Gesetzgebung und Rechtswissenschaft, 3–33 (S. 1).

301 *S. Bretthauer*, Online-Wahlen zu Parlamenten als modernes Instrument demokratischer Partizipation in Zeiten von Pandemie und Digitalisierung, KritV Kritische Vierteljahresschrift für Gesetzgebung und Rechtswissenschaft, 3–33 (S. 4).

302 Russland: Opposition warnt vor Wahlbetrug durch Online-Voting, https://bit. ly/3nswGDK (abgerufen am 21.01.2023).

der § 194a SGB V[303] eingeführt, der die rechtliche Grundlage hierfür schafft.[304] Im Jahr 2021 lief die Ausschreibung zur Auswahl des Anbieters, die im November des Jahres durch Zuschlagserteilung an ein Konsortium bestehend aus verschiedenen Unternehmen abgeschlossen wurde. Zum Zeitpunkt, da diese Zeilen verfasst werden, läuft das Einführungsprojekt zur Implementierung des Online-Wahl-Verfahrens für die Sozialwahlen 2023.[305]

II. Die Grundlage für Online-Wahlen in Deutschland

Für Online-Wahlverfahren sind sehr unterschiedliche Anwendungsszenarien denkbar. Die Anforderungen hierbei richten sich nach den unterschiedlichen Wahlanwendungstypen und -formen, den wahlrechtlichen Grundlagen und deren Wahlrelevanz. Im weiteren Verlauf dieser Ausarbeitung werden diese Anforderungen auf parlamentarische Online-Wahlen angewendet und es wird eruiert, wie die aufgeworfenen Problemstellungen mithilfe der Blockchain-Technologie gelöst werden können. Die wesentlichen Anforderungen an parlamentarische Wahlen leiten sich aus dem Demokratieprinzip des Grundgesetzes (GG)[306] ab. Als zentral für das Demokratieverständnis in Deutschland ist der Art. 20 Abs. 2 GG anzusehen.

„Alle Staatsgewalt geht vom Volke aus. Sie wird vom Volke in Wahlen und Abstimmungen und durch besondere Organe der Gesetzgebung, der vollziehenden Gewalt und der Rechtsprechung ausgeübt."

Der Art. 38 Abs. 1 S. 1 GG[307] definiert darüber hinaus, dass die Abgeordneten des Deutschen Bundestags („Maximalszenario") in „allgemeiner,

---

303 Das Fünfte Buch Sozialgesetzbuch – Gesetzliche Krankenversicherung – (Artikel 1 des Gesetzes vom 20. Dezember 1988, BGBl. I S. 2477, 2482), das zuletzt durch Artikel 14 des Gesetzes vom 10. Dezember 2021 (BGBl. I S. 5162) geändert worden ist.

304 *S. Bretthauer*, Online-Wahlen zu Parlamenten als modernes Instrument demokratischer Partizipation in Zeiten von Pandemie und Digitalisierung, KritV Kritische Vierteljahresschrift für Gesetzgebung und Rechtswissenschaft, 3–33 (S. 5).

305 *Barmer*, Zukunft gestalten – mit Mut und Solidarität – Geschäftsbericht 2021, https://bit.ly/3H0FHNg (abgerufen am 21.01.2023), S. 17.

306 Grundgesetz für die Bundesrepublik Deutschland in der im Bundesgesetzblatt Teil III, Gliederungsnummer 100-1, veröffentlichten bereinigten Fassung zuletzt geändert durch Artikel 1 des Gesetzes vom 13. Juli 2017 (BGBl. I S. 2347).

307 Grundgesetz für die Bundesrepublik Deutschland in der im Bundesgesetzblatt Teil III, Gliederungsnummer 100-1, veröffentlichten bereinigten Fassung zuletzt geändert durch Artikel 1 des Gesetzes vom 13. Juli 2017 (BGBl. I S. 2347).

unmittelbarer, freier, gleicher und geheimer Wahl" zu wählen sind. Gemäß Art. 38 Abs. 3 GG[308] erfolgt die weitere Ausgestaltung dieser Wahl durch Bundesgesetz und somit einfachgesetzlich.

Weiterhin hat das Bundesverfassungsgericht die Wahl als Integrationsvorgang beschrieben. Ziel dieses Vorgangs ist es, den tatsächlichen politischen Willen des Wählers in die parlamentarische Arbeit einfließen zu lassen und dort zu adaptieren, um den Wähler selbst hierdurch zu integrieren. Nach Auffassung des Bundesverfassungsgerichts muss das Parlament die Wahl als einen Prozess verstehen, dessen Sinn und Zweck es ist, politische Kräfte im Volk in die Debatte einzubeziehen. Gleichzeitig sollten hierdurch wesentliche Anliegen des Volkes nicht aus den politischen Debatten ausgeschlossen werden. Hierdurch soll das Parlament bei einer Mehrheitswahl den politischen Willen der Wählerschaft bestmöglich abbilden, ohne hierbei die Arbeitsfähigkeit zu verlieren, wobei die Desiderata der Repräsentation und der Funktionalität im Spannungsverhältnis stehen können.[309]

Durch regelmäßige Wahlen kann der Wähler signifikanten Einfluss auf die Politik nehmen und die Verantwortlichkeit der politischen Vertreter wird hierdurch ebenfalls deutlich.[310]

Der Art. 38 Abs. 1 S. 1 GG stellt i.V.m. Art. 20 Abs. 2 GG sicher, dass Wahlen in regelmäßigen Abständen stattfinden. Auf diese Weise wird es dem Wähler ermöglicht, die politischen Schwerpunkte der Politik regelmäßig neu zu setzen und hierdurch Veränderungen und somit Innovation in das politische Geschehen einzubringen (Innovationsfunktion). Hierfür ist es gerade wichtig, dass, wie in den vergangenen Wahlkämpfen häufig geschehen, kritische/sensible/unbequeme Themen (wie beispielsweise Fragen der Flüchtlingspolitik) und Sachfragen nicht aus der Diskussion herausgehalten, sondern vielmehr intensiv debattiert werden. Es ist nicht hinnehmbar, dass solche Themen im Wahlkampf nicht diskutiert werden, da so dem Wähler letztlich das Recht entzogen wird, in der betreffenden Frage über die politische Richtung zu entscheiden.[311]

---

308   Grundgesetz für die Bundesrepublik Deutschland in der im Bundesgesetzblatt Teil III, Gliederungsnummer 100-1, veröffentlichten bereinigten Fassung zuletzt geändert durch Artikel 1 des Gesetzes vom 13. Juli 2017 (BGBl. I S. 2347).

309   *Klein/Schwarz*, in: *Maunz/Dürig*, Grundgesetz: Kommentar, Art. 38 Rn. 70.

310   *Klein/Schwarz*, in: *Maunz/Dürig*, Grundgesetz: Kommentar, Art. 38 Rn. 71.

311   *Klein/Schwarz*, in: *Maunz/Dürig*, Grundgesetz: Kommentar, Art. 38 Rn. 71.

III. Rechtliche Bewertung von Online-Wahlen

Zur Bewertung der Sicherheitsstandards in der Informationstechnologie wurden z.b. die Common Criteria (CC) als internationaler Standard entwickelt und diese wurden als Norm im ISO-Standard 15408 verschriftlicht und veröffentlicht. In dieser Norm werden Schutzprofile unter anderem für Wahlen definiert. Softwarehersteller können auf diese allgemein anerkannten Kriterien zurückgreifen.

Bezogen auf parlamentarische Online-Wahlen existiert bisher noch kein etabliertes Schutzprofil, das angewendet werden kann.

Die Definition solcher allgemeingültigen Kriterien (CC) gestaltet sich darüber hinaus schwierig. In der Vergangenheit wurden verschiedene Schutzprofile für elektronische Wahlsysteme erstellt. So hat auch das Bundesamt für Sicherheit in der Informationstechnik (BSI) ein eigenes Schutzprofil für Internetwahlsysteme ausgearbeitet, wobei dessen Tauglichkeit für parlamentarische Online-Wahlen fraglich ist. In diesen Schutzprofilen haben technisch versierte Fachleute Sicherheitsanforderungen definiert. Inwieweit diese den rechtlichen Anforderungen des BVerfG-Urteils genügen, ist ungeklärt.[312]

Die juristischen Forderungen des BVerfG, die im Urteil von 2009 nachgelesen werden können, betreffen nicht durchweg technische Kriterien.[313] So sind die Wahrung der Öffentlichkeit und der Laienkontrolle sogar Forderungen, die den klassischen IT-Sicherheitsanforderungen wie Verschlüsselung entgegenstehen.

Aus den vorgenannten Gründen lässt sich auch nur schwer ein eigenes Schutzprofil für parlamentarische Online-Wahlen entwickeln. Losgelöst von einem derartigen Schutzprofil lassen sich die unterschiedlichen Anforderungen auf vielfältige Weise umsetzen. Es gibt nicht eine Menge an Anforderungen, sondern die Anforderungen sind je nach Wahlverfahren, -relevanz und -typ unterschiedlich.[314]

---

312 *Neumann/Volkammer/Buchmann*, Datenschutz und Datensicherheit: DuD: Recht und Sicherheit in Informationsverarbeitung und Kommunikation, DuD 02/2014 S. 98–102, (98 f).

313 BVerfG, Urteil vom 03.03.2009 – 2 BvC 3/07, BVerfGE 123, 39–88.

314 *Neumann/Volkammer/Buchmann*, Datenschutz und Datensicherheit: DuD: Recht und Sicherheit in Informationsverarbeitung und Kommunikation, DuD 02/2014 S. 98–102, (100 f).

F. Online-Wahlen – Soziokulturelle Einordnung

Nachdem die in Deutschland bis in die Mitte des 20. Jahrhunderts vorherrschende Sichtweise der Trennung zwischen dem Staat auf der einen und der Gesellschaft auf der anderen Seite überwunden wurde, hat sich die Auffassung, dass der Staat auch den einzelnen Bürger angeht, im Volk durchgesetzt und so ganz neue Möglichkeiten der individuellen Persönlichkeitsentwicklung durch Einbringung in den politischen Diskurs eröffnet.[315]

Das Bundesverfassungsgericht hat in mehreren Beschlüssen (2 BvR 1877-97 u. 2 BvR 50-98 aus 1998) dargelegt, was Merkmale einer vitalen Demokratie sind: *„Demokratie setzt eine ständige freie Auseinandersetzung zwischen sich begegnenden sozialen Kräften, Interessen und Ideen voraus, in der sich auch politische Ziele klären und wandeln und aus der heraus eine öffentliche Meinung den politischen Willen vorformt. Dazu gehört auch, daß die Entscheidungsverfahren der Hoheitsgewalt ausübenden Organe und die jeweils verfolgten politischen Zielvorstellungen allgemein sichtbar und verstehbar sind. [...] Solche – vorrechtlichen – Verfassungsvoraussetzungen werden jedoch von Art. 38 I GG nicht grundrechtsgleich gewährleistet.“*[316]

In der aktuellen Zeit existiert eine andere Staatsauffassung. Staat wird verstanden als ein gemeinschaftliches Handeln der Bürger, das sich aus unterschiedlichen und verschiedenartigen Meinungen zusammensetzt, welche zu einem Ausgleich kommen beziehungsweise zu einem Konsens gebracht werden müssen.[317]

I. Soziokulturelle Bewertung von Online-Wahlen

Die Diskussion zum Thema Online-Wahlen wird kontrovers geführt und kann Anlass zu gesellschaftspolitischen Konflikten bieten.

---

315 *Schmitt/Glaeser*, in: *Isensee/Kirchhof*, Handbuch des Staatsrechts Band III: Demokratie – Bundesorgane, § 38 Mitwirkung an der Willensbildung Rn. 1.

316 BVerfG, Beschluss vom 31.03.1998 – 2 BvR 1877–97 u. 2 BvR 50–98, NJW 1998, 1934, S. 1936.

317 *Schmitt/Glaeser*, in: *Isensee/Kirchhof*, Handbuch des Staatsrechts Band III: Demokratie – Bundesorgane, § 38 Mitwirkung an der Willensbildung Rn. 2.

Durch die steigende Nutzung von Online-Wahlen geht nach Auffassung einiger Autoren die soziokulturelle, integrierende Wirkung der Wahlen verloren. Diesbezüglich wird betont, dass der Wahlvorgang als solcher, insbesondere die gemeinsame Aktivität des Zur-Wahl-Gehens, etwas Verbindendes zwischen den Wahlberechtigten hervorrufe. Die Wahl gebe den Staatsbürgern die Möglichkeit, am Aufbau des Staates teilzunehmen. Der Wahl wird eine identitätsstiftende und rituelle Wirkung zugesprochen, die nach der Auffassung von Richter durch Online-Wahlverfahren teilweise entfällt.[318]

Das Verfahren der Online-Wahl, wie es aktuell erneut beispielsweise im Rahmen der Sozialwahlen diskutiert wird, unterscheidet sich allerdings nicht fundamental von den bisher genutzten Wahlverfahren, für die es einen Ersatz darstellen kann. Hierdurch ist die gesellschaftspolitische Innovation überschaubar,[319] ihr Potential dennoch nicht zu unterschätzen.

1. Online-Wahlen als Möglichkeit von mehr direkter Demokratie

Online-Wahlen eröffnen Möglichkeiten der direkten Beteiligung der Bürger an der politischen Entscheidungsfindung. Diese Art der Beteiligung würde perspektivisch die Frage aufwerfen, wieso eine repräsentative Demokratie überhaupt notwendig ist und der Wähler nicht grundsätzlich direkt befragt werden kann. Eine fortlaufende Beteiligung der Bürger würde die politische Teilhabe der Bürger gänzlich verändern.[320]

Die schlechten Erfahrungen mit den plebiszitären Elementen in den Verfassungen während der Weimarer Republik und dem Missbrauch während des Nationalsozialismus haben während der Entstehung des Grundgesetztes dazu geführt, dass Zurückhaltung bei der Verankerung von Elementen direkter Demokratie geübt wurde.[321]

---

318   *Richter*, Wahlen im Internet rechtsgemäß gestalten, S. 122 f.
319   *Wolff*, Online-Wahlen: Wird die Demokratie den Hackern geopfert?, KR 2019, S. 48, (S. 49).
320   *Wolff*, Online-Wahlen: Wird die Demokratie den Hackern geopfert?, KR 2019, S. 48, (S. 49).
321   *Krause*, in: *Isensee/Kirchhof*, Handbuch des Staatsrechts Band III: Demokratie – Bundesorgane, § 35 Verfassungsrechtliche Möglichkeiten unmittelbarer Demokratie Rn. 11–14.

Es gibt keinen grundrechtlichen Anspruch auf plebiszitäre Mitbestimmung. Direkte Partizipation ist grundsätzlich möglich, muss aber entweder (landes-) verfassungsrechtlich oder einfachgesetzlich vorgesehen werden.[322] Die verfassungsrechtlichen Hürden in diesen Fragen sind hoch. Der Bayrische Verfassungsgerichtshof hat die unwesentliche Frage, ob die Bayrische Staatsregierung ihre Bürger zu einer politischen Frage informativ befragen darf, bereits verneint.[323]

So urteilte das Gericht im Jahr 2015, der Satz aus Art. 88a des Gesetzentwurfs zur Änderung des Landeswahlgesetzes (Einführung von Volksbefragungen) im Bayerischen Landtag (LT-Drs. 17/1745)

„Über Vorhaben des Staates mit landesweiter Bedeutung wird eine Volksbefragung durchgeführt, wenn Landtag und Staatsregierung dies übereinstimmend beschließen. Über die Gesetzgebung findet keine Volksbefragung statt."

sei unvereinbar mit Art. 7 Abs. 2 BV, und erklärte ihn für nichtig.[324]

Im Rahmen der Auslegung der Norm hat der Bayrische Verfassungsgerichtshof die Frage gestellt, für welche Angelegenheiten eine Volksabstimmung durchgeführt werden kann[325] und wie diese von den in der Verfassung verankerten, kommunalen Bürgerbeteiligungen abzugrenzen ist.[326]

Das Gericht kam zu der Erkenntnis, dass der Landesgesetzgeber im Wesentlichen Infrastrukturprojekte meint, bei denen die Bevölkerung befragt werden soll.[327] Den Bereich der Gesetzgebung hatte der Gesetzgeber bereits auf Anraten des Bayrischen Verfassungsgerichtshofs aus dem Anwendungsbereich der Norm exkludiert.[328]

---

322 *Schmitt/Glaeser*, in: *Isensee/Kirchhof*, Handbuch des Staatsrechts Band III: Demokratie – Bundesorgane, § 38 Mitwirkung an der Willensbildung Rn. 32.

323 VerfGH Bayern, Entscheidung des Bayerischen Verfassungsgerichtshofs vom 21. November 2016 – 15-VIII-14, 8-VIII-15.

324 Verfassung des Freistaates Bayern in der Fassung der Bekanntmachung vom 15. Dezember 1998 (GVBl. S. 991, 992, BayRS 100-1-I), die zuletzt durch Gesetze vom 11. November 2013 (GVBl. S. 638, 639, 640, 641, 642) geändert worden ist.

325 VerfGH Bayern, Entscheidung des Bayerischen Verfassungsgerichtshofs vom 21. November 2016 – 15-VIII-14, 8-VIII-15, Rn. 66 ff.

326 VerfGH Bayern, Entscheidung des Bayerischen Verfassungsgerichtshofs vom 21. November 2016 – 15-VIII-14, 8-VIII-15, Rn. 71.

327 VerfGH Bayern, Entscheidung des Bayerischen Verfassungsgerichtshofs vom 21. November 2016 – 15-VIII-14, 8-VIII-15, Rn. 72 f.

328 VerfGH Bayern, Entscheidung des Bayerischen Verfassungsgerichtshofs vom 21. November 2016 – 15-VIII-14, 8-VIII-15, Rn. 78.

Gerade bei Infrastrukturprojekten, die häufig nach komplexen formellen und materiellen Gesichtspunkten bewertet werden, wirft der Bayrische Verfassungsgerichtshof berechtigt die Frage auf, wie das Ergebnis einer Volksbefragung, die im Einzelfall zu einer erheblichen Diskrepanz zwischen formellem und materiellem Recht einerseits und dem Wunsch der Teilnehmer an der Volksbefragung teilzunehmen andererseits führen kann, durch die jeweilige Regierung umsetzbar sein soll. Bei der Umsetzung des Ergebnisses würden im Ergebnis entweder Normen relativiert oder gar infrage gestellt oder das Ergebnis der Befragung missachtet.[329] Letztlich führte das Fehlen der konsultativen Volksbefragung unter den plebiszitären Elementen in der Bayrischen Verfassung in Art. 7 Abs. 2 BV[330] zur Nichtigkeit.[331] Die in der Entscheidung aufgeworfenen Fragen dürften aber den Kern der Diskussion darstellen, der zu klären ist, wenn perspektivisch mehr direkte Demokratie in das parlamentarische System integriert werden soll.

Die Bundesrepublik ist als repräsentative Demokratie konstituiert, was den Gegensatz zu einer identitären Staatsform darstellt. Identitär bedeutet, dass die Staatsgewalt nicht nur vom Volk ausgeht (beispielsweise Legitimationskette bis zum Bundestag, aber Ausübung durch die Repräsentanten im Bundestag) sondern auch von diesem selbst ausgeübt wird. Auf den subsidiären Ebenen des Staates hingegen sind plebiszitäre Elemente grundsätzlich in den Landesverfassungen sowie in den Kreis- und Gemeindeordnungen vorgesehen. Anders im Bundestag, in dem politische Entscheidungen weder durch Volksentscheide noch durch andere basisdemokratische Elemente beeinflusst oder modifiziert werden können. Grundsätzlich wäre eine Verfassungsänderung zugunsten mehr direkter Demokratie in einem gewissen Umfang möglich, würde jedoch teilweise zu einer Delegitimation des Bundestags führen, wie bereits die „Enquête-Kommission Verfassungsreform" feststellte.[332]

In der Vergangenheit haben nur sehr wenige Volksbegehren zu einem Volksentscheid geführt. Die Beteiligung an den Verfahren war häufig gering, so dass in den Bundesländern die unterschiedlichen Quoren nicht erreicht wurden,

---

329   VerfGH Bayern, Entscheidung des Bayerischen Verfassungsgerichtshofs vom 21. November 2016 – 15-VIII-14, 8-VIII-15, Rn. 75.

330   Verfassung des Freistaates Bayern in der Fassung der Bekanntmachung vom 15. Dezember 1998 (GVBl. S. 991, 992, BayRS 100-1-I), die zuletzt durch Gesetze vom 11. November 2013 (GVBl. S. 638, 639, 640, 641, 642) geändert worden ist.

331   VerfGH Bayern, Entscheidung des Bayerischen Verfassungsgerichtshofs vom 21. November 2016 – 15-VIII-14, 8-VIII-15, Rn. 113.

332   *Klein/Schwarz*, in: *Maunz/Dürig*, Grundgesetz: Kommentar, Art. 38 Rn. 43.

wenn diese nicht zeitgleich mit Bundes-, Landtags- oder Kommunalwahlen verbunden waren.[333] Hier wäre die Möglichkeit gegeben, mit einem Online-Wahlverfahren die politische Partizipation zu erhöhen und hierdurch direkte Demokratie zu fördern.

Um den Wähler in die politische Diskussion einzubinden, hält der Bundestag seine Plenarsitzungen gemäß Art. 42 Abs. 1 GG öffentlich ab. Dies dient der Kontrolle durch das Volk. Durch den parlamentarischen Diskurs entfaltet sich so eine dreifache Wirkung. Neben der parlamentarischen Diskussion wird hierdurch der Austausch zwischen der Regierung und den Parlamentariern öffentlich und nicht zuletzt findet auch die Auseinandersetzung mit der häufig medial vermittelten öffentlichen Meinung im Bundestag statt.[334]

Als Legislative ist der Deutsche Bundestag bei diversen Gesetzesvorhaben von der Zustimmung des Bundesrats abhängig. Diese Aufweichung der Kompetenz des Parlaments ist der föderalen Struktur der Bundesrepublik geschuldet. Dieses Erfordernis einer doppelten Beschlussfassung kann bei unterschiedlichen Mehrheiten in beiden Kammern, gerade bei umstrittenen Gesetzgebungsverfahren, zu erheblichen Verzögerungen durch wechselseitige Blockaden führen.[335]

2. Soziokulturelle Funktion der Wahl

Hans-Georg Soeffner schreibt in seinem Beitrag im Werk „Inszenierungsgesellschaft", dass Wahlen ein Ausdruck eines Kampfes um die gesellschaftliche Ordnung sind, deren Gleichgewicht ständig bedroht ist. Wahlen haben gerade hierdurch eine stabilisierende Wirkung.[336] So repräsentieren sowohl die Wahl als auch der auf den Wahlvorgang folgende Amtseid in einer Demokratie den gesellschaftlich anerkannten Ritus zu Veränderungen innerhalb der Mächteverhältnisse zwischen denen, die gewählt wurden, und denen, die gewählt haben. Dieser Vorgang habe eine „reinigende Wirkung", da ab dem Zeitpunkt,

---

333   *Krause*, in: *Isensee/Kirchhof*, Handbuch des Staatsrechts Band III: Demokratie – Bundesorgane, § 35 Verfassungsrechtliche Möglichkeiten unmittelbarer Demokratie Rn. 45.

334   *Klein/Schwarz*, in: *Maunz/Dürig*, Grundgesetz: Kommentar, Art. 38 Rn. 56.

335   *Klein/Schwarz*, in: *Maunz/Dürig*, Grundgesetz: Kommentar, Art. 38 Rn. 44.

336   *Soeffner*, Erzwungene Ästhetik: Repräsentation, Zeremoniell und Ritual in der Politik, in: *Willems/Jurga*, Inszenierungsgesellschaft, S. 222.

an dem eine neue Mehrheit vereidigt wurde, eine neue „unbeschriebene" Personengruppe die Macht übernimmt.[337]

Darüber hinaus unterstützen die Wahlberechtigten mit ihrer Stimmabgabe in den öffentlich eingerichteten Wahllokalen ihre politischen Anliegen und gerade die Auseinandersetzung mit den verschiedenen politischen Richtungen stellt eine wesentliche Säule der Demokratie dar. Unabhängig von allen Faktoren wie Bildung, sozialer Herkunft und Einkommen hat hier jeder Wahlberechtigte genau eine Stimme und dies wird durch den formalen Akt der Stimmabgabe auch eindeutig. Dass die Stimmabgabe bei einer Online-Wahl am privaten PC oder am Mobiltelefon, für die andere typische Tätigkeiten (Surfen, Chatten, Streamen von Serien) nur kurz unterbrochen werden müssen, dieselbe Symbolkraft entwickelt, darf bezweifelt werden.[338]

Darüber hinaus wird die Frage diskutiert, ob unterschiedliche Wahlverfahren die Wählerschaft spalten könnten – in einen digitalen und einen nicht digitalen Bevölkerungsteil.[339] Neben den technischen Voraussetzungen als solchen muss in diesem Kontext auch die Bereitschaft, sich auf neue digitale Verfahren einzulassen, diskutiert werden. Solchen Bedenken kann nur durch Aufklärung entgegengewirkt werden. Ersteres hingegen ist eine gesamtgesellschaftliche hoheitliche Aufgabe, die digitale Teilhabe seiner Bürger sicherzustellen.[340]

Beide Aspekte haben ihre Berechtigung und müssen einer Interessensabwägung unterzogen werden. Die soziokulturelle integrative Wirkung der Wahl, die sicherlich in einem gewissen Umfang vorhanden ist, muss einer voraussichtlich gesteigerten Wahlbeteiligung bei gesteigerter Manipulationsresilienz gegenübergestellt werden. Nach Auffassung des Autors würde eine breitere demokratische Legitimation von Organen und Entscheidungen den vorgenannten Verlust an Symbolik allein nicht aufwiegen.

Darüber hinaus ist zu fragen, in welchen Aspekten die integrative Wirkung begründet ist. Diese liegt nicht alleine im Wahlvorgang als solchem, sondern auch im gesellschaftlichen Diskurs über den richtigen politischen Weg. Das gemeinsame Fiebern innerhalb der Zivilgesellschaft über den Ausgang der Wahl und das gemeinsame Beschäftigen mit den politischen Inhalten erzeugt

---

337   *Soeffner,* Erzwungene Ästhetik: Repräsentation, Zeremoniell und Ritual in der Politik, in: *Willems/Jurga,* Inszenierungsgesellschaft, S. 223 f.

338   *Boehme-Neßler,* Das Ende der Demokratie? – Effekte der Digitalisierung aus rechtlicher, politologischer und psychologischer Sicht, S. 80.

339   *Richter,* Wahlen im Internet rechtsgemäß gestalten, S. 126 f.

340   *Bundesinstitut für Bau-,* Smart Cities gestalten – Daseinsvorsorge und digitale Teilhabe sichern, https://bit.ly/3wJq1dm (abgerufen am 21.01.2023), S. 14.

ebenfalls eine integrative Wirkung. Dazu kommt es allerdings auch bei Online-Wahlen. Weiterhin steigern ein Zuwachs an demokratischen Beteiligungsverfahren der Einschätzung des Autors zufolge die integrative Wirkung und somit die Identifikation mit dem Staat.

3. Entgrenzung und Digitalisierung

Die Entgrenzung innerhalb der Nationalstaaten hat erheblichen Einfluss auf die politische Meinungsbildung und den politischen Meinungsfindungsprozess. Die Entgrenzung innerhalb der Nationalstaaten erfolgt in den Dimensionen „vertikal", „horizontal" und „soziokulturelle/ökonomische".

Die vertikale Entgrenzung beschreibt die Übertragung von Hoheitsrechten auf die den Nationalstaat umfassenden Organisationen, wie beispielsweise die Europäische Union, oder supranationale Organisationen wie die NATO. Hierbei werden Kompetenzen abgeben und die Legitimation aus nationaler Sicht wird reduziert, ebenso wie der Einfluss des einzelnen Wählers.[341]

Die horizontale Entgrenzung umfasst die Öffnung des Staates in Richtung von anderen gesellschaftlichen Organisationen, die privatrechtlich organisiert sind. Auch hierdurch werden Entscheidungen aus dem Machtbereich des demokratisch legitimierten Parlaments heraus delegiert und derart wenigstens teilweise dem gesellschaftlichen Diskurs entzogen.[342]

Die soziokulturelle/ökonomische Variante ist die jüngste Form der Entgrenzung; Letztere findet in diesem Fall im Wesentlichen digital statt und wirkt disruptiv auf die gesellschaftliche Entwicklung, wobei in diesem Absatz nur die soziokulturellen Aspekte der Entgrenzung betrachtet werden. Hierbei ist eine der Grundsatzfragen, welchen Einfluss die Entgrenzung durch die Digitalisierung auf die Demokratie als solche hat. Das Internet zeichnet sich insbesondere durch Grenzenlosigkeit aus,[343] wohingegen Wahlen und demokratische Entscheidungsprozesse überwiegend innerhalb von klar definierten Gebilden stattfinden.

Diese Entgrenzung geschieht auf den unterschiedlichsten Ebenen. Geografische Entgrenzung ist im Wesentlichen unter dem Begriff der Globalisierung

---

341 *Schmitt/Glaeser*, in: *Isensee/Kirchhof*, Handbuch des Staatsrechts Band III: Demokratie – Bundesorgane, § 38 Mitwirkung an der Willensbildung Rn. 6.

342 *Schmitt/Glaeser*, in: *Isensee/Kirchhof*, Handbuch des Staatsrechts Band III: Demokratie – Bundesorgane, § 38 Mitwirkung an der Willensbildung Rn. 9.

343 *Boehme-Neßler*, Das Ende der Demokratie? – Effekte der Digitalisierung aus rechtlicher, politologischer und psychologischer Sicht, S. 3.

seit vielen Jahren bekannt.[344] Aber seit der Globalisierung des Dienstleistungs-
sektors, der bis weit in die 90er Jahre für einen lokalen Markt gehalten wurde,
können wertschöpfende Leistungen – auch ohne einen Materialfluss oder
Warenverkehr – global über das Internet feilgeboten werden. Darüber hinaus
wurden Dienstleistungen entlang der Wertschöpfungskette aufgeteilt, so dass
personalintensive Schritte in der Wertschöpfungskette ausgelagert werden
konnten.[345]

Die geografischen Entgrenzungen sorgen rechtlich für mannigfaltige
Herausforderungen. Im Internetzeitalter sind beispielsweise die Fragen des
Ortes und auch des Zeitpunktes der Wertschöpfung steuerrechtlich sowie
sachenrechtlich große Herausforderungen und sorgen für eine Erosion der
Nationalstaaten.[346] Hiermit einhergeht die soziale Entgrenzung. Die sozialen
Verflechtungen im Internet basieren weniger auf regionalen Grenzen als auf
gemeinsamen Interessen in sozialen Medien, Erwerbsbiographien und sozialer
Herkunft. Die Nationalstaaten verlieren im Internet an Einfluss.[347]

Im historischen Vergleich ähnelt die Situation der Zeit der Anfänge der
Nationalstaaten, in der unterschiedliche Vereinigungen und Verbände wie
Handelsbünde, Zünfte, aber auch Stadtstaaten um Einfluss kämpften. Der Souveränitätsverlust der Nationalstaaten, der im Zeitalter des Internets beobachtet
werden kann, ist gravierend.[348]

Wer in das hierbei entstehende Vakuum vorstoßen wird, ist nicht abschlie-
ßend geklärt. Eine Gruppe von Protagonisten hingegen ist bereits erkennbar.
Globale Technologiekonzerne und ihre Unternehmensleitungen haben in den
vergangen 15 Jahren erheblich an weltweitem Einfluss gewonnen.

Diese Entwicklung hat keinesfalls zu Folge, dass im Internet keine Grenzen
existieren. So entstehen täglich neue Grenzen zwischen sozialen Netzwerken,
unterschiedlichen Messenger-Programmen oder anderen Communities.[349] All

---

344 *Boehme-Neßler*, Das Ende der Demokratie? – Effekte der Digitalisierung aus rechtlicher, politologischer und psychologischer Sicht, S. 5 f.

345 *Neyer*, Globaler Markt und territorialer Staat. Konturen eines wachsenden Antagonismus, Zeitschrift für internationale Beziehungen, S. 287–315, (S. 292 f).

346 *Boehme-Neßler*, Das Ende der Demokratie? – Effekte der Digitalisierung aus rechtlicher, politologischer und psychologischer Sicht, S. 6.

347 *Schroer*, Räume, Orte, Grenzen: auf dem Weg zu einer Soziologie des Raums, S. 219.

348 *Schroer*, Räume, Orte, Grenzen: auf dem Weg zu einer Soziologie des Raums,
S. 220.

349 *Boehme-Neßler*, Das Ende der Demokratie? – Effekte der Digitalisierung aus rechtlicher, politologischer und psychologischer Sicht, S. 14.

dies wird auf absehbare Zeit nicht dazu führen, dass Nationalstaaten mangels Alternativen verschwinden. Sie müssen sich weiterhin um „analoge Probleme" wie den Klimawandel, den Terrorismus und die Energiepolitik kümmern und die notwendigen Rahmenbedingungen für ein digitales Leben schaffen.[350] Wobei die Demokratie keinesfalls zwangsweise mit einem Staatsgebilde verbunden sein muss, denn es könnten transnationale Demokratiegebilde entstehen und auch funktionieren.[351] Neue Online-Wahlverfahren ohne zentrale Intermediäre hätten das Potential, auch derartige transnationale Demokratien zu ermöglichen.

4. Gemeinsames Wissen als Basis einer Demokratie

Gemeinsames Wissen wird häufig nicht mehr einheitlich durch Tageszeitung und Nachrichtensendungen hergestellt, so dass vielfach nicht mehr von einem gemeinsamen Wissensstand innerhalb der Bevölkerung ausgegangen werden kann.

Es ist offensichtlich, dass die bereits beschriebenen Entgrenzungen beziehungsweise faktisch neu geschaffenen Grenzen im Cyberspace zu unterschiedlichen Wissensständen bei den Wählern führen. Diese Divergenz der Wissensstände wird durch zum Teil emotional geführte Diskussionen innerhalb des eigenen Netzwerks sichtbar und auch weiter verstärkt.[352] Was eine fehlende Kongruenz der Wissensstände der Bürger mit denen ihrer politischen Vertreter perspektivisch für Ergebnisse bei Wahlen aber auch in der politischen Diskussion hervorbringen wird, bleibt abzuwarten.[353]

Aus diesem Grund müssen unabhängig vom Wahlverfahren als solchem zukünftig erhebliche Anstrengungen unternommen werden, um bei politischen Wahlen sowie bei anderen Abstimmungen wie Bürgerbegehren vorab einheitliche Wissensstände herzustellen.

Die politische Willensbildung wird im Wesentlichen durch professionelle politische Akteure wie Politiker, Funktionäre und Journalisten, also die

---

350 *Fukuyama*, Staaten bauen die neue Herausforderung internationaler Politik, S. 162.

351 *Boehme-Neßler*, Das Ende der Demokratie? – Effekte der Digitalisierung aus rechtlicher, politologischer und psychologischer Sicht, S. 22 f.

352 *Boehme-Neßler*, Das Ende der Demokratie? – Effekte der Digitalisierung aus rechtlicher, politologischer und psychologischer Sicht, S. 48.

353 *Boehme-Neßler*, Das Ende der Demokratie? – Effekte der Digitalisierung aus rechtlicher, politologischer und psychologischer Sicht, S. 39.

Parteien, die Verbänden und die Massenmedien (mit steigender Tendenz im Cyberspace) beherrscht.[354]

Die Spaltung der Gesellschaft in einen digitalen und einen nicht digitalen Bevölkerungsteil ist ein gesellschaftliches Problem. Hierbei ist die Wahl sicherlich ein – aber keinesfalls der einzige – Aspekt einer digitalen Teilhabe am sozialen Leben. Andere Aspekte sind die Teilhabe an sozialen Netzwerken, kultureller Austausch, Austausch über Messengerdienste oder der Zugang zu Wissen. Diese Aspekte sollen durch die hiesigen Ausführungen keinesfalls als vernachlässigbar dargestellt werden. Vielmehr ist es eine gesamtgesellschaftliche Aufgabe, Menschen den Zugang zum Internet zu ermöglichen.[355]

Der Zugang zu Informationen für alle Bürger ergibt sich bereits aus Art. 5 Abs. 1 S. 1 Halbsatz 2 GG,[356] der diesen Informationsfreiheitsgrundsatz normiert, denn dies schafft die Freiheit an politischem Leben teilzuhaben.[357] Da der Zugriff auf Informationen in den meisten Fällen über das Internet stattfindet, kann aus der Schutzwirkung der Grundrechte die Pflicht für die Kommunen und somit für den Staat erwachsen, für einen freien Zugang zum Internet zu sorgen.[358] Darüber hinaus ist ohne einen solchen Internetzugang auch der Zugriff auf eGovernment-Verfahren und andere staatliche Zugangskanäle verwehrt. Der Zugang zum Online-Wahlverfahren ist hierbei nur ein Aspekt. Sowohl die Bundesregierung als auch das Landessozialgericht Nordrhein-Westfalen, das einem Antragsteller den Zugang zu einem internetfähigen Gerät verwehrt,[359] verneinen eine solche Daseinsvorsorgepflicht. Im Moment ist es dennoch am wahrscheinlichsten, dass entsprechende Realitäten durch die Gerichte geschaffen werden. So begründet gemäß einer Entscheidung des Bundesgerichtshofs ein Ausfall einer Internetanbindung selbst ohne konkret darlegbaren Schaden einen Schadensersatzanspruch. Das Gericht führt in seinem Urteil aus, dass die Nutzbarkeit des Internets an sich ein Wirtschaftsgut darstellt und die ständige Verfügbarkeit auch im privaten Bereich von zentraler

---

354   *Schmitt/Glaeser*, in: *Isensee/Kirchhof*, Handbuch des Staatsrechts Band III: Demokratie – Bundesorgane, § 38 Mitwirkung an der Willensbildung Rn. 42.

355   *Lindner*, Die Gewährleistung des Internetzugangs im Grundgesetz, S. 15.

356   Grundgesetz für die Bundesrepublik Deutschland in der im Bundesgesetzblatt Teil III, Gliederungsnummer 100-1, veröffentlichten bereinigten Fassung zuletzt geändert durch Artikel 1 des Gesetzes vom 13. Juli 2017 (BGBl. I S. 2347).

357   *Lindner*, Die Gewährleistung des Internetzugangs im Grundgesetz, S. 13 f.

358   *Hoffmann/et al.* Die digitale Dimension der Grundrechte: Das Grundgesetz im digitalen Zeitalter, S. 18.

359   LSG Nordrhein-Westfalen, Beschluss vom 23.04.2010 – L 6 AS 297/10 B, 1.

Bedeutung ist.[360] Es erkannte dem Kläger einen Schadensersatz für den Ausfall der Internetanbindung zu.

Der steigende Digitalisierungsgrad der Zivilgesellschaft erfordert ein Umdenken. Die digitale Daseinsvorsorge muss zukünftig neu gedacht und an die steigenden Anforderungen angepasst werden, denn hierbei handelt es sich um einen dynamischen Begriff, der dem konstanten Wandel unterliegt. Die Anerkennung einer digitalen Daseinsvorsorge als Recht der Bürger ermöglicht es den Kommunen, sich in diesem Bereich wirtschaftlich zu betätigen und somit die Teilhabe sicherzustellen.[361]

Es ist eine gesamtgesellschaftliche Pflicht, dafür zu sorgen, dass die Teilhabe digitaler Immigranten sichergestellt wird, wobei die Online-Wahl nur eine Form der Teilhabe darstellt.[362] Andere Teilhabeprozesse wie beispielsweise formelle und informelle Beteiligungsverfahren müssen ebenfalls so gestaltet werden, dass deren Nutzung problemlos auch durch technisch nicht versierte Personen möglich ist.

Die Kommunikation über Inhalte in den klassischen Massenmedien erfolgt im Wesentlichen in einer Richtung. Hierdurch kann es zu einer Verschmelzung von Inhalt auf der einen und Autorenmeinung auf der anderen Seite kommen und sich so der Eindruck verhärten, es gäbe nur eine richtige Meinung zu einem Thema, insbesondere wenn diese Meinung als alternativlos dargestellt wird und diese zur Moral hochstilisiert wird. Verstößt eine Meinung gegen die „Political Correctness", ist sie – solange sie innerhalb der verfassungsrechtlichen Grenzen ist – zwar durch die Meinungsfreiheit gedeckt, das Vertreten einer abweichenden Meinung aber nicht selten mit Isolation und Ausgrenzung verbunden.[363]

Gleiches passiert tagtäglich auch in sozialen Medien, in denen Nutzer, die sich häufig nicht oder nicht mehr durch die Massenmedien vertreten fühlen, in ihren Filterblasen – also in Bereichen, in denen im Wesentlichen infolge des Wirkens komplexer Algorithmen ausschließlich Informationen dargestellt

---

360 BGH, Urteil des III. Zivilsenats vom 24.01.2013 – III ZR 98/12, Mitteilung Nr. 14/2013.

361 *Bundesinstitut für Bau-*, Smart Cities gestalten – Daseinsvorsorge und digitale Teilhabe sichern, https://bit.ly/3wJq1dm (abgerufen am 21.01.2023), S. 17.

362 *S. Bretthauer*, Online-Wahlen zu Parlamenten als modernes Instrument demokratischer Partizipation in Zeiten von Pandemie und Digitalisierung, KritV Kritische Vierteljahresschrift für Gesetzgebung und Rechtswissenschaft, 3–33 (S. 12).

363 *Schmitt/Glaeser*, in: *Isensee/Kirchhof*, Handbuch des Staatsrechts Band III: Demokratie – Bundesorgane, § 38 Mitwirkung an der Willensbildung Rn. 57.

werden, die den von den Nutzern bereits wahrgenommenen und gutgeheiße-
nen ähneln – Bestätigung für ihre Meinung finden. Eine umfassende Beschäftigung mit divergierenden Meinungen findet hierdurch häufig nicht mehr statt.
Durch die weiter steigende Anzahl an Informationen und deren Verfügbarkeit wird der Entscheidungsfindungsprozess und hierdurch am Ende auch der
gemeinsame Willensbildungsprozess zwischen den gewählten Abgeordneten
in einer repräsentativen Demokratie und den von ihnen repräsentierten Wählern schwieriger und unüberschaubarer.[364]

Hierdurch wird der Meinungsbildungsprozess in der Bundesrepublik an vielen Stellen durch die Massenmedien[365] aber auch durch die unzähligen sonstigen Informationsquellen tagtäglich beeinflusst.

II. Rechtsrahmen für das Modellprojekt Sozialwahlen: Ein Fallbeispiel

Der Gesetzgeber hat im Rahmen der Sozialwahlen erstmalig einfachgesetzlich im Sozialgesetzbuch und weiteren Gesetzen sowie mit einer technischen
Richtlinie des BSI einen Rahmen für die Durchführung von Online-Wahlen
geschaffen. Hierfür wurde die Verordnung über die technischen und organisatorischen Vorgaben für die Durchführung einer Online-Wahl im Rahmen
des Modellprojekts nach § 194a des SGB V, auch Online-Wahl-Verordnung
genannt, durch den Bundestag erlassen, das die diversen Novellierungen
zusammenfasst.

1. Rechtsrahmen im Sozialgesetzbuch V

Im SGB V (§§ 194a–d SGB V[366]) sind Voraussetzungen technischer und
inhaltlicher Art festgehalten, die für eine Modellwahl 2023 zu beachten sind.
Darüber hinaus regeln die neu eingefügten Paragrafen die Stellung der spe-
zifischen Normen im Verhältnis zu den Vorgaben der Wahlordnung für die

---

364 *Böckenförde*, in: *Isensee/Kirchhof*, Handbuch des Staatsrechts Band III: Demokratie – Bundesorgane, § 34 Demokratische Willensbildung und Repräsentation
Rn. 37.

365 *Schmitt/Glaeser*, in: *Isensee/Kirchhof*, Handbuch des Staatsrechts Band III: Demokratie – Bundesorgane, § 38 Mitwirkung an der Willensbildung Rn. 58.

366 Das Fünfte Buch Sozialgesetzbuch – Gesetzliche Krankenversicherung – (Artikel 1
des Gesetzes vom 20. Dezember 1988, BGBl. I S. 2477, 2482), das zuletzt durch
Artikel 14 des Gesetzes vom 10. Dezember 2021 (BGBl. I S. 5162) geändert worden ist.

Sozialversicherungen und zu den weiteren Normen aus den anderen Sozialgesetzbüchern.

Insbesondere der § 194b SGB V[367] enthält die Rahmenbedingungen zur Durchführung der Wahl. In diesem Paragrafen wird geregelt, dass neben der Briefwahl auch eine Online-Wahl ermöglicht werden soll, wobei bei doppelter Stimmabgabe ausschließlich die online abgegebene Stimme zählt. Weiterhin regelt der § 194b SGB V die notwendigen Informationen, die dem Wähler im Vorfeld zur Verfügung gestellt werden müssen. Hierzu zählen unter anderem die Art und Weise der Authentifizierung, sowie deren technischen Mechanismen, von denen sich der Wähler vor Stimmabgabe auf einer Wahlplattform überzeugen kann.

Gemäß § 194b SGB V muss der Hinweis an die Wähler darüber hinaus die Information enthalten, dass die Stimmabgabe nur einfach erfolgen darf, und es muss angegeben werden, bis zu welchem Stichtag sie erfolgen muss. Weiterhin muss der Stimmzettel, der im Online-Verfahren zum Einsatz kommt, dem Briefwahlzettel in Hinblick auf Darstellung und Inhalt entsprechen.

Die Stimmabgabe durch den Wähler muss barrierefrei durchgeführt werden können, damit auch Wahlberechtigte mit eingeschränkten kognitiven oder motorischen Fähigkeiten an der Wahl uneingeschränkt teilnehmen können. Gerade die mögliche deutlich bessere Inklusion diverser Bevölkerungsgruppen ist ein wesentliches Argument für eine Online-Wahl.

Der § 194c SGB V[368] regelt die technischen und organisatorischen Maßnahmen (TOM), die bei der Durchführung der Online-Wahlen zu ergreifen sind. Darüber hinaus wird festgelegt, dass diese einvernehmlich mit dem BSI zu regeln sind und welche Inhalte die TOM haben müssen. Ein Kriterium ist ein BSI-konformes Informationssicherheitskonzept, dass den Regeln des IT-Grundschutz Katalogs des BSI entsprechen und darüber hinaus ein Notfallkonzept enthält, dem sich entnehmen lässt, wie eine Stimmabgabe durch den Wähler auch im Notfall realisiert werden kann.

---

367   Das Fünfte Buch Sozialgesetzbuch – Gesetzliche Krankenversicherung – (Artikel 1 des Gesetzes vom 20. Dezember 1988, BGBl. I S. 2477, 2482), das zuletzt durch Artikel 14 des Gesetzes vom 10. Dezember 2021 (BGBl. I S. 5162) geändert worden ist.

368   Das Fünfte Buch Sozialgesetzbuch – Gesetzliche Krankenversicherung – (Artikel 1 des Gesetzes vom 20. Dezember 1988, BGBl. I S. 2477, 2482), das zuletzt durch Artikel 14 des Gesetzes vom 10. Dezember 2021 (BGBl. I S. 5162) geändert worden ist.

Darüber hinaus regelt der § 194c SGB V verschiedene weitere Inhalte der TOM.

Hiernach müssen die dokumentierten TOM mindestens folgende Einzelmaßnahmen umfassen:

- Vorgaben für eine sichere Wahlvorbereitung und -durchführung,
- Vorgaben für eine sichere Archivierung der relevanten Daten,
- das Authentisierungsverfahren und die dafür zu benutzenden,
- Anforderungen an die Nachvollziehbarkeit der Anforderungen,
- Anforderungen an die Transparenz bei der Auswertung der abgegebenen Stimmen,
- Meldewege für mögliche Sicherheitsvorfälle.

Weiterhin legt der § 194c SGB V fest, dass das BSI eine technische Richtlinie erstellt, anhand derer Online-Wahlprodukte und Online-Wahlen überprüft werden können.

Der § 194d SGB V[369] regelt die Verantwortung für die Evaluierung sowie Art und Umfang der Evaluation des Modellprojektes im Nachgang der Wahl.

2. Kritik am Rechtsrahmen für die Sozialwahlen

Das beschriebene Regelwerk weist aus Sicht des Autors wesentliche Schwächen auf. Es wäre die Aufgabe des BSI gewesen, technologie- und produktneutral weitere und insbesondere eindeutige Aussagen zur technischen Umsetzung zu treffen. Darüber hinaus wären generelle technische und organisatorische Festlegungen für eine solche Wahlplattform notwendig gewesen, um die grundsätzlichen Anforderungen an eine Systemarchitektur einer solchen Softwarelösung festzulegen. Diesbezüglich sei hier insbesondere die quelloffene Bereitstellung der Plattform genannt. Die Quelloffenheit der gesamten eingesetzten Software ist nach Auffassung des Autors – wie auch bei der Corona-Warn-App bereits eingewandt – eine Grundvoraussetzung, wenn es darum geht, das Vertrauen des Wählers in ein solches Verfahren zu begründen.[370] Die Normen hätten demnach die Offenlegung des Quellcodes vorschreiben müssen.

---

369   Das Fünfte Buch Sozialgesetzbuch – Gesetzliche Krankenversicherung – (Artikel 1 des Gesetzes vom 20. Dezember 1988, BGBl. I S. 2477, 2482), das zuletzt durch Artikel 14 des Gesetzes vom 10. Dezember 2021 (BGBl. I S. 5162) geändert worden ist.

370   S. *Bretthauer*, Online-Wahlen zu Parlamenten als modernes Instrument demokratischer Partizipation in Zeiten von Pandemie und Digitalisierung, KritV Kritische Vierteljahresschrift für Gesetzgebung und Rechtswissenschaft, 3–33 (S. 30).

Aus der Verfassung selbst lässt sich kein Auftrag an die Sozialversicherungsträger ableiten. Nach allgemeiner Auffassung sind die Vorgaben des Bundesverfassungsgerichts wie Laienkontrolle und Öffentlichkeitsgrundsatz bei den Sozialwahlen vollumfänglich umzusetzen; dennoch sind sie im Gesetzesvorhaben nicht enthalten.[371]

3. Die Online-Wahl-Verordnung sowie die technische Richtlinie (TR03162) des Bundesamts für Sicherheit in der Informationstechnik

Zur Umsetzung des Modellprojekts zu den Sozialwahlen hat der Gesetzgeber ergänzend zu der Wahlverordnung für die Sozialversicherung eine separate Online-Wahl-Verordnung (OWV)[372] erarbeitet, die durch die technische Richtlinie (TR03162)[373] des BSI ergänzt wird und die technische Umsetzung der Sozialwahlen im Jahr 2023 regelt.

Alle drei Regelwerke sind entlang des Wahldurchgangs gegliedert und enthalten Regelungen zur Vorbereitung und zur Durchführung der Wahl sowie zur Ermittlung des Wahlergebnisses und zur Nachbereitung der Wahl. In der Begründung im allgemeinen Teil des Einführungsgesetzes zur Online-Wahl-Verordnung[374] wird ausgeführt, dass es bereits seit geraumer Zeit die Bestrebungen gab, Sozialwahlen online als fakultative Online-Wahlen zusätzlich zur Briefwahl durchzuführen. Ziel ist es gemäß der Gesetzesbegründung, die geringe Wahlbeteiligung an den Sozialwahlen deutlich zu erhöhen. Hierdurch soll die Allgemeinheit der Sozialwahlen gefördert und insbesondere die demokratische Legitimation der Selbstversammlung gestärkt werden (Begründung A. Allgemeiner Teil I).[375]

---

371 *Spiecker/Bretthauer*, Die rechtliche Zulässigkeit einer Online-Wahl zur Sozialwahl, (S. 9).

372 Verordnung über die technischen und organisatorischen Vorgaben für die Durchführung einer Online-Wahl im Rahmen des Modellprojekts nach § 194a des Fünften Buches Sozialgesetzbuch (Online-Wahl-Verordnung) vom 23. September 2020 (BGBl. I S. 2034).

373 BSI, Technische Richtlinie TR-03162.

374 Verordnung über die technischen und organisatorischen Vorgaben für die Durchführung einer Online-Wahl im Rahmen des Modellprojekts nach § 194a des Fünften Buches Sozialgesetzbuch (Online-Wahl-Verordnung) vom 23. September 2020 (BGBl. I S. 2034).

375 Verordnung über die technischen und organisatorischen Vorgaben für die Durchführung einer Online-Wahl im Rahmen des Modellprojekts nach § 194a des

4. Online-Wahlverfahren

Paragraf 1 OWV[376] regelt die technischen und organisatorischen Vorgaben zum Modellprojekt. Neben einer generellen Begriffsbestimmung enthält der 1. Teil des Gesetzes lösungs- und anbieteragnostische Bestimmungen zur Auswahl des Software-Dienstleisters, der mit dem Betrieb der Wahlplattform beauftragt wird, und insbesondere die Vorgabe, dass der BSI-IT-Grundschutz (§ 3 Abs. 4 OWV) durch diesen Dienstleister einzuhalten ist. Weiterhin wird auf die TR03162 des BSI verwiesen, die die sicherheitstechnischen Anforderungen definiert.[377]

Der 2. Teil des Gesetzes regelt in Absatz 1 die Vorbereitung der Wahl.[378] Neben dem Wählerverzeichnis und dem Online-Stimmzettel wird die Überprüfung des Online-Wahlverfahrens durch Krankenkassen und Wahlausschuss geregelt.

Absatz 2 des 2. Teils regelt die Durchführung der Wahl.[379] Insbesondere wird die Authentifizierung der Wähler, die Entgegennahme der Online-Stimmen und der Abgleich zwischen Brief- und Online-Stimmen geregelt.

Der Absatz 3 des Gesetzes regelt die Ermittlung des Wahlergebnisses.[380] Er ist gegliedert in drei Bereiche: Der erste Bereich umfasst die Prüfung der Ordnungsmäßigkeit der Wahl, der zweite Bereich beschreibt, wie das Ergebnis

Fünften Buches Sozialgesetzbuch (Online-Wahl-Verordnung) vom 23. September 2020 (BGBl. I S. 2034).

376   Verordnung über die technischen und organisatorischen Vorgaben für die Durchführung einer Online-Wahl im Rahmen des Modellprojekts nach § 194a des Fünften Buches Sozialgesetzbuch (Online-Wahl-Verordnung) vom 23. September 2020 (BGBl. I S. 2034).

377   BSI, Technische Richtlinie TR-03162.

378   Verordnung über die technischen und organisatorischen Vorgaben für die Durchführung einer Online-Wahl im Rahmen des Modellprojekts nach § 194a des Fünften Buches Sozialgesetzbuch (Online-Wahl-Verordnung) vom 23. September 2020 (BGBl. I S. 2034).

379   Verordnung über die technischen und organisatorischen Vorgaben für die Durchführung einer Online-Wahl im Rahmen des Modellprojekts nach § 194a des Fünften Buches Sozialgesetzbuch (Online-Wahl-Verordnung) vom 23. September 2020 (BGBl. I S. 2034).

380   Verordnung über die technischen und organisatorischen Vorgaben für die Durchführung einer Online-Wahl im Rahmen des Modellprojekts nach § 194a des Fünften Buches Sozialgesetzbuch (Online-Wahl-Verordnung) vom 23. September 2020 (BGBl. I S. 2034).

ermittelt wird, und der dritte Bereich regelt die Nachvollziehbarkeit des Wahlergebnisses.

Absatz 4 des Gesetzes enthält Bestimmungen zur Nachbereitung der Wahl.[381] In diesem Absatz geht es vorrangig darum, auf welche Weise und wie lange Stimmen aufzubewahren sind.

5. Kritik an dem Online-Wahlverfahren und der technischen Richtlinie

Im Regelwerk zum Modellprojekt der Sozialwahlen werden eine Vielzahl von Festlegungen getroffen und die Gegenstände zum Teil sogar bis ins Detail geregelt. Es überrascht, dass grundsätzliche Anforderungen des Verfassungsgerichtsurteils aus 2009[382] nicht berücksichtigt werden.

Die erwartete Feststellung, dass die Öffentlichkeit der Wahl – also die Nachvollziehbarkeit und Überprüfbarkeit des Wahlvorgangs – nur bei Verwendung einer quelloffenen Online-Wahl-Software umfassend möglich ist, fehlt genauso wie klare Regeln darüber, wie die Laienkontrolle durch den Wähler selbst erfolgen kann. Beide Vorgaben hätten konkret aber technologie- und anbieteragnostisch sein müssen, damit das Online-Wahlverfahren den Anforderungen sich aus dem Urteil des Bundesverfassungsgerichts genügen kann.[383]

Darüber hinaus wird in aktuellen Veröffentlichungen von Online-Wahl-Experten eine Ende-zu-Ende-Verifizierbarkeit der Stimmabgabe eingefordert. So weisen etwa Beckert et al. in dem Aufsatz „Aktuelle Entwicklungen im Kontext von Online-Wahlen und digitalen Abstimmungen"[384] darauf hin, dass die Ende-zu-Ende-Verifizierbarkeit der abgegebenen Stimme einer Veröffentlichung des Quellcodes vorzuziehen ist. Hierbei handelt es sich nach Auffassung der Autoren jedoch um unterschiedliche Anforderungen, die kumulativ erfüllt sein müssen. Die Ende-zu-Ende-Verifizierbarkeit adressiert die Anforderung der Laienkontrolle. Die Open-Source-Veröffentlichung der

381   Verordnung über die technischen und organisatorischen Vorgaben für die Durchführung einer Online-Wahl im Rahmen des Modellprojekts nach § 194a des Fünften Buches Sozialgesetzbuch (Online-Wahl-Verordnung) vom 23. September 2020 (BGBl. I S. 2034).

382   BVerfG, Urteil vom 03.03.2009 – 2 BvC 3/07, BVerfGE 123, 39–88.

383   BVerfG, Urteil vom 03.03.2009 – 2 BvC 3/07, BVerfGE 123, 39–88.

384   *Beckert/ et al.* Aktuelle Entwicklungen im Kontext von Online-Wahlen und digitalen Abstimmungen, (S. 6).

Online-Wahl-Plattform hingegen adressiert die Anforderungen an den Publizitätsgrundsatz hinsichtlich des Wahlprozesses insgesamt.

In dem Aufsatz[385] werden verschiedene Wahlverfahren, die insbesondere während der coronabedingten pandemischen Lage verwendet wurden, bewertet und mögliche Angriffsvektoren analysiert, die im Folgenden einzeln beurteilt werden.

a. Clash Attacken

Während der Corona-Pandemie bei der Wahl des CDU-Parteivorsitzenden kam das Online-Wahlverfahren der Firma Polyas zum Einsatz, bei dem zur Überprüfung der abgegebenen Stimme der Wähler einen Verifikationscode zurückerhält. Dieser Verifikationscode kann für Clash-Attacken genutzt werden.

Bei einer Clash-Attacke zielt der Angreifer entweder auf

- den Wahlserver,
- den Plattform-Betreiber oder
- den Wahl-Administratoren

und verschafft sich so Zugriff auf die Generierung des Verifikationscodes.

Hierdurch kann es dazu kommen, dass mehrere Wähler, die die gleiche Wahl getroffen haben, denselben Verifikationscode erhalten. Hierdurch frei werdende Abstimmcodes können für die Abgabe einer anderen/abweichenden Stimme verwendet werden. Diese Art von Angriffen kann nur aufgedeckt werden, indem die Wähler auf ihr Wahlgeheimnis verzichten und ihre Verifikationscodes und Stimmabgaben vergleichen.[386]

b. Öffentlichkeitsgrundsatz

In dem bereits zitierten Aufsatz[387] wird in Verbindung mit den Hochschulwahlen an der Universität Jena die Bedeutung des Öffentlichkeitsgrundsatzes bei Online-Wahlen herausgearbeitet. Sollte die Stimmabgabe unter Ausschluss der

---

385 *Beckert/et al.* Aktuelle Entwicklungen im Kontext von Online-Wahlen und digitalen Abstimmungen.

386 *Beckert/et al.* Aktuelle Entwicklungen im Kontext von Online-Wahlen und digitalen Abstimmungen, (S. 8).

387 *Beckert/et al.* Aktuelle Entwicklungen im Kontext von Online-Wahlen und digitalen Abstimmungen.

Öffentlichkeit stattfinden, wird selbst bei Möglichkeit einer späteren Überprüfung das Vertrauen in die Ordnungsmäßigkeit massiv geschädigt.[388] Nachfolgende Angriffsvektoren sind denkbar:

- Die Stimmen können vor der Ergebnisermittlung manipuliert werden.
- Briefwahlstimmen können vor der Auszählung des Briefwahlbezirks ausgetauscht werden.
- Angestellte der Post könnten Briefe entwenden.
- Bei Online-Wahlen können die Stimmen an verschiedenen Stellen manipuliert, beispielsweise durch Cyberkriminelle oder Anbieter des Wahlsystems von einem beliebigen Ort aus verändert werden.[389]

Diese Art von Manipulationen – insbesondere die skizzierten sog. Man-in-the-Middle-Angriffe – müssen durch verfahrenstechnische Vorkehrungen verhindert werden. Im Hinblick auf die unterschiedlichen Angriffsvektoren ist zunächst festzustellen, dass beim Wähler ein gewisser Vertrauensvorschuss gegenüber dem lokalen Wahlvorstand oder bei Briefwahlen gegenüber der Postzustellung existiert. Ein solcher Vertrauensvorschuss gegenüber Online-Wahlverfahren, die der Wähler weder im Detail kennt noch technisch versteht, existiert hingegen nicht.[390]

Die Prüfung des Oberverwaltungsgerichts (OVG) Thüringen bezogen auf die Wahlordnung der Hochschule Jena kommt zu dem Ergebnis, dass die Vorgaben bezüglich der Prüfung des Wahlvorgangs durch den Wähler hinreichend erfüllt sind. Es stellt darauf ab, dass die Stimmabgabe abgebrochen und am Bildschirm überprüft werden kann. Hierbei übersieht das OVG Thüringen, dass die Stimme auch auf dem Transportweg oder im Zuge der Auszählung abgeändert werden könnte.[391]

c. Schwachstellen virtueller Hauptversammlungen

Aufgrund der pandemischen Lage hat der Gesetzgeber im Eilverfahren ein Gesetz erlassen (Gesetz zur Abmilderung der Folgen der COVID-19-Pandemie

---

388 *Beckert/et al.* Aktuelle Entwicklungen im Kontext von Online-Wahlen und digitalen Abstimmungen, (S. 13).
389 *Beckert/et al.* Aktuelle Entwicklungen im Kontext von Online-Wahlen und digitalen Abstimmungen, (S. 13).
390 *Beckert/et al.* Aktuelle Entwicklungen im Kontext von Online-Wahlen und digitalen Abstimmungen, (S. 13).
391 *Beckert/et al.* Aktuelle Entwicklungen im Kontext von Online-Wahlen und digitalen Abstimmungen, (S. 14).

im Zivil-, Insolvenz- und Strafverfahrensrecht) erlassen, das die Grundlage für virtuelle Hauptversammlungen (HV) geschaffen hat.

In einer auf dem 17. Deutschen IT-Sicherheitskongress des BSI im Februar 2021 veröffentlichten Studie hat sich gezeigt, dass diverse eklatante Sicherheitsmängel bei den Anbietern und Betreibern der virtuellen HV-Plattformen aufgetreten sind. Angefangen bei der nachträglichen Manipulation abgegebener Stimmen bis hin zur Übernahme des Aktionärskontos und zur Offenlegung sensibler, personenbezogener Daten waren laut Studie in 72 % der überprüften Systeme Schwachstellen identifiziert worden.[392]

d. Schutzprofil nach Common Criteria

Die CC sind ein in der IT weitverbreitete Methode (siehe auch „Rechtliche Bewertung von Online-Wahlen", S. 79), die sicherheitsrelevanten Eigenschaften eines IT-Systems zu überprüfen. Folgende fünf Konzepte lassen sich unter anderem im Hinblick auf ihren Prüfgegenstand unterscheiden:

Die Konzepte lauten:

• Evaluierungsgegenstand,
• Schutzprofil,
• Sicherheitsziel,
• funktionale Sicherheitsanforderungen,
• Vertrauenswürdigkeitsanforderungen.[393]

Bereits 2008, also ein Jahr vor dem Wahlgeräteurteil des Verfassungsgerichts, in dem die Publizität und die Laienkontrolle als wesentliche Kriterien herausgearbeitet wurden, hat das BSI ein Schutzprofil BSI-CC-PP-0037-2008 „Basissatz von Sicherheitsanforderungen an Online-Wahlprodukte" entwickelt.[394] Aufgrund des zeitlichen Ablaufs darf es nicht verwundern, dass in dem Schutzprofil des BSI insbesondere der Publizitätsgrundsatz keine Entsprechung hat. Darüber hinaus weist des BSI ausdrücklich darauf hin, dass dieses Schutzprofil für politische Wahlen um weitere Kriterien ergänzt werden muss.[395]

---

392   *Beckert/et al.* Aktuelle Entwicklungen im Kontext von Online-Wahlen und digitalen Abstimmungen, (S. 16).
393   *Beckert/et al.* Aktuelle Entwicklungen im Kontext von Online-Wahlen und digitalen Abstimmungen, (S. 18).
394   *Beckert/et al.* Aktuelle Entwicklungen im Kontext von Online-Wahlen und digitalen Abstimmungen, (S. 19).
395   *Beckert/et al.* Aktuelle Entwicklungen im Kontext von Online-Wahlen und digitalen Abstimmungen, (S. 22).

e. Kritik an der technischen Richtlinie

Die Kritik an der TR03162 ist mannigfaltig. Auf der einen Seite werden sehr detaillierte Vorgaben zur Art und Weise gemacht, wie mit den Wählerkennzeichen (WKZ) zu verfahren ist und wie die Stimmen zu speichern sind. Auf der anderen Seite werden keine Bestimmungen zum Schutz personenbezogener Daten getroffen.[396]

Festgelegt wird, dass die (nachträgliche) Überprüfung der Stimme durch den Wähler anhand einer Zufallszahl möglich sein soll, ohne dass dabei aber eine Lösung für die Problematik der Clash-Attacken skizziert würde.[397] Darüber hinaus werden Aussagen beispielsweise zu Verschlüsselungsmethoden (Homomorphe Verschlüsselung) getroffen, die in der vorliegenden Form wenigstens unpräzise, wenn nicht sogar falsch sind, da homomorphe Verfahren aufgrund ihrer Rechenintensität und der fehlenden Effizienz bei Online-Wahlen nicht zum Einsatz kommen.

An anderer Stelle im gleichen Absatz befinden sich widersprüchliche Aussagen dazu, ob eine Stimme vor der Auswertung entschlüsselt werden muss. Eine derartige Entschlüsselung ist aber bei einem homomorphen Verschlüsselungsverfahren gerade nicht notwendig.[398]

Auch die Aussagen zur nachträglichen Veröffentlichung des privaten Schlüssels der Wahlleitung aus Transparenzgründen lassen sich nicht nachvollziehen. Hierdurch ist eine Entschlüsselung der abgegebenen Stimmen problemlos möglich, was zumindest eine Gefahr für das Wahlgeheimnis darstellt, da die abgegebenen Stimmen über den Zeitstempel mit dem Wähler verknüpfbar wären. Wie zurecht angemerkt, wäre ein Zero-Knowledge-Proof-Verfahren vorzuziehen; dieses würde das Wahlgeheimnis und die Möglichkeit der Laienkontrolle bestmöglich schützen.[399]

An anderen Stellen der technischen Richtlinie wäre hingegen eine neutralere, technologieagnostische Beschreibung wünschenswert, anhand derer ein Verfahren verifiziert werden kann. An diesen Stellen entsteht der Eindruck,

---

396 *Beckert/et al.* Aktuelle Entwicklungen im Kontext von Online-Wahlen und digitalen Abstimmungen, (S. 29).

397 *Beckert/et al.* Aktuelle Entwicklungen im Kontext von Online-Wahlen und digitalen Abstimmungen, (S. 26).

398 *Beckert/et al.* Aktuelle Entwicklungen im Kontext von Online-Wahlen und digitalen Abstimmungen, (S. 26 f).

399 *Beckert/et al.* Aktuelle Entwicklungen im Kontext von Online-Wahlen und digitalen Abstimmungen, (S. 27 f).

dass ein konkretes System beschrieben wird. Es wäre wichtig gewesen, die zu prüfenden Angriffsvektoren zu definieren. Kein System (im Übrigen auch die Urnenwahl nicht) ist unter objektiven Gesichtspunkten sicher. Es müssen in jedem Fall Abwägungen in Kauf genommen werden, und die unterschiedlichen Verfahren miteinander verglichen werden. Hierbei hätte eine vorherige Definition der für eine Verifizierung des Wahlverfahrens infrage kommenden Angriffsvektoren geholfen. Die näheren Bestimmungen den Krankenkassen zu überlassen, die die öffentliche Ausschreibung durchführen, ist nicht zielführend.[400]

---

400   *Beckert/et al.* Aktuelle Entwicklungen im Kontext von Online-Wahlen und digitalen Abstimmungen, (S. 30 f).

G. Technischer Realisierungsvorschlag

Nachfolgend wird ein mögliches Szenario zum Einsatz der Blockchain-Technologie im Zusammenhang mit Wahlverfahren dargestellt. Hierbei werden insbesondere die Forderungen des Bundesverfassungsgerichts aus dem Wahlgeräteurteil[401] in Bezug auf Öffentlichkeit und Laienkontrolle der Wahl im Maximalszenario einer Bundestagswahl näher beleuchtet.

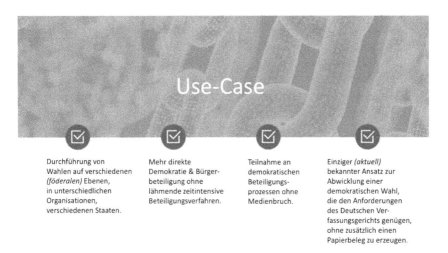

Use-Case			
☑	☑	☑	☑
Durchführung von Wahlen auf verschiedenen *(föderalen)* Ebenen, in unterschiedlichen Organisationen, verschiedenen Staaten.	Mehr direkte Demokratie & Bürgerbeteiligung ohne lähmende zeitintensive Beteiligungsverfahren.	Teilnahme an demokratischen Beteiligungsprozessen ohne Medienbruch.	Einziger *(aktuell)* bekannter Ansatz zur Abwicklung einer demokratischen Wahl, die den Anforderungen des Deutschen Verfassungsgerichts genügen, ohne zusätzlich einen Papierbeleg zu erzeugen.

Abb. 13: Verwendungsmöglichkeiten des Lösungsvorschlags Das hier beschriebene Verfahren soll sowohl im Rahmen einer

Präsenz-Online-Wahl, also einer computergestützten Wahl innerhalb des Wahllokals, als auch bei einer Fern-Online-Wahl und somit als Ergänzung zur Briefwahl zum Einsatz kommen. Wie bereits im vorhergehenden Kapitel („Anwendbarkeit des Wahlgeräteurteils auf Online-Wahlen", S. 74) ausgeführt, wird in dieser Arbeit die Auffassung vertreten, das eine kombinierte Lösung, die aus technischer Perspektive sowohl bei der Online-Wahl als auch bei der technisch gestützten Präsenzwahl anwendbar wäre, realisierbar ist.

Zur Erreichung des Ziels einer verfassungskonformen, demokratischen Wahl im Maximalszenario werden drei unterschiedliche, sogenannte Privat-

---

permissioned-Blockchains verwendet. Die Wahlcomputer in den Wahllokalen können als – privates, folglich geschütztes – Peer-to-Peer-Netzwerk verwendet werden. Die Wahlvorgänge können an den Knoten – somit in den Wahllokalen unter Beobachtung des Wahlvorstandes – verfolgt und die aktuell verwendete Wahlsoftware kann an einer zentralen Stelle beim Wahlvorstand geprüft werden (Öffentlichkeitskontrolle). Die Stimmabgabe kann in den Wahllokalen oder an jedem Endgerät mit Internetzugang und Browser durchgeführt werden.

Da die unterschiedlichen Ziele der technischen Umsetzung etwa im Hinblick auf bei Publizität des Verfahrens und Datenschutz oder Laienkontrolle und Geheimheit der Wahl in einem Konflikt zueinanderstehen, werden drei verschiedene, voneinander vollständig entkoppelte Blockchains zur technischen Realisierung benötigt, die darüber hinaus unterschiedliche Lebenszeiten und Verteilungen aufweisen, sich aber gegenseitig referenzieren.

Alle drei Blockchains sind private Blockchains mit Berechtigungssteuerung. Dies bedeutet, dass die teilnehmenden Knoten im Vorfeld ausgewählt und dezidiert zum Schreiben auf die Blockchain berechtigt werden.[402] An dieser Stelle stellt sich die Frage, warum hierbei die Blockchain-Technologie Anwendung findet, obwohl ein Intermediär die einzelnen Peers sowohl auswählt als auch berechtigt, und weshalb hier keine „klassische" zentrale Systemarchitektur zur Anwendung kommt (siehe Abb. 14).

Als Grund zu nennen sind die weiteren Vorteile der Blockchain-Technologie, wie die Verfügbarkeit durch die verteilte Systemlandschaft, die Wahrung der Integrität durch die unveränderbar verketteten Blöcke, die Manipulationssicherheit durch ein Mining-Verfahren, das im Folgenden beschrieben wird, und nicht zuletzt das verwendete Kommunikationsprotokoll, das dafür sorgt, dass sämtliche Knoten alle notwendigen Informationen haben.[403]

Alle diese funktionalen Aspekte sind der Blockchain-Technologie

---

402 *Drescher*, Blockchain Grundlagen – Eine Einführung in die elementaren Konzepte in 25 Schritten, S. 227 f.

403 *Drescher*, Blockchain Grundlagen – Eine Einführung in die elementaren Konzepte in 25 Schritten, S. 230.

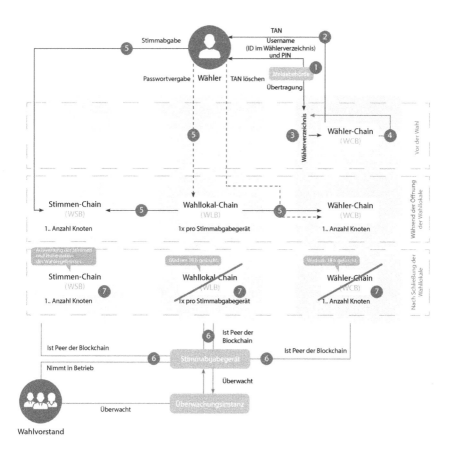

Abb. 14: Fachlandkarte zum technischen Realisierungsvorschlag

immanent und können in der Anwendung ohne Schwierigkeiten in Anspruch genommen werden.

Die Knoten der Blockchain werden auf die Endgeräte, die zur Stimmabgabe in den Wahllokalen aufgestellt werden, verteilt. Eine Zuweisung einer eindeutigen, vorher festgelegten Geräteidentifikationsnummer zu einem Wählerbezirk geschieht im Vorfeld manuell, bei Aufnahme und Berechtigung der Knoten in die Privat-permissoned-Blockchain.

Im Weiteren wird auf die verschiedenen Blockchains eingegangen und deren Funktion innerhalb des gesamten Wahlverfahrens erläutert. Diese werden zur einfacheren Identifikation mit Namen versehen und heißen „Wähler-Chain (WCB)", „Wahllokal-Chain (WLB)" und „Stimmen-Chain (WSB)".

I. Exkurs zu den Mining-Verfahren

Durch das verwendete Mining-Verfahren zur Suche neuer Blöcke wird die Anzahl der Blöcke, die einen vorher in die private Blockchain aufgenommene und berechtigte Knoten (Miner) innerhalb eines definierten Zeitfensters erzeugen dürfen, limitiert. Die Knoten der Blockchain stimmen sich untereinander ab und verteilen die Rechenzeitfenster im Rundlaufverfahren (Round-Robin). Alle Knoten sind grundsätzlich berechtigt, neue Blöcke zu suchen.

Erzeugt ein Knoten mehr Blöcke als er gemäß Konsens der Knoten erstellen durfte, sind diese Blöcke ungültig, verwaisen und die enthaltenen Wählerstimmen (Transaktionen) werden zurück in den Arbeitsvorrat gelegt (Proof-of-Stake-Verfahren).

Ein Hashrätsel (wie es bei der Bitcoin-Blockchain verwendet wird), das die zur Suche eines neuen Blocks erforderliche Rechenleistung stark ansteigen lässt (Proof-of-Work-Verfahren), findet bei privaten Blockchains selten Anwendung, da dieses Verfahren sehr rechen- und damit kosten- und energieintensiv ist.[404] Bei privaten Blockchains mit vorher berechtigten Knoten finden andere, weniger kostenintensive, aber insbesondere auch energiesparende und damit umweltschonendere Konsensalgorithmen (wie der oben beschriebene) Anwendung.[405] Hierbei stellen die Knoten den Konsens und somit die Manipulationsresistenz auf andere Weise sicher (siehe auch „Die Konsensalgorithmen aus fachlicher Sicht", S. 23).[406]

II. Wähler-Chain (WCB)

Im Vorfeld des Wahltags wird die WCB mithilfe des Wählerverzeichnisses zentral aufgebaut und auf alle an ihr beteiligten Knoten (Stimmabgabegeräte) verteilt. Hierfür werden die einzelnen durch die Länder gemäß § 1

---

404 *Drescher*, Blockchain Grundlagen – Eine Einführung in die elementaren Konzepte in 25 Schritten, S. 106 ff.

405 *Rückeshäuser/Brenig/Müller*, Datenschutz und Datensicherheit: DuD: Recht und Sicherheit in Informationsverarbeitung und Kommunikation, DuD 08/2017 S. 492–496, (493 f).

406 *Drescher*, Blockchain Grundlagen – Eine Einführung in die elementaren Konzepte in 25 Schritten, S. 248 f.

Bundesmeldegesetz (BMG) bestimmten Behörden (in der Regel die Gemeinden als örtliche Ordnungsbehörden) aufgefordert, die Meldedaten, die für eine anstehende Wahl benötigt werden, bis zu einem Stichtag bereitzustellen. Diese Daten (ID im Wählerverzeichnis, PIN, Name der Meldebehörde, Wahlkreis) werden in die WCB übernommen, wobei aus der ID im Wählerverzeichnis und einer dem Bürger bereits bekannten, durch die Meldebehörde vergebenen persönlichen Identifikations-Nummer (PIN) eine Hashreferenz auf den originären Datensatz erzeugt wird. Das Ursprungsdatum wird ausschließlich zur Generierung der Hashreferenz gebraucht. Der Wahlkreis wird benötigt, um den entsprechenden Wahlzettel des Heimatwahlbezirks für die Erststimme darzustellen.

Eine Hashreferenz zeichnet sich dadurch aus, dass Änderungen sowohl am originären als auch am referenzierenden Datensatz detektiert werden. Wird eine der beiden Informationen geändert, läuft die Hashreferenz ins Leere und der ursprüngliche Datensatz kann nicht mehr aufgefunden werden.[407]

Weiterhin werden für die bevorstehende Wahl in der WCB Transaktionsnummern (TANs) generiert, die für den Wahlvorgang verwendet werden können. Die TAN wird dem Wähler in einem Brief analog zum Online-Banking verdeckt und nicht unbemerkt (zerstörungsfrei) einsehbar, zugeschickt; die Hashwerte der einzelnen TANs der Wahlberechtigten werden in der WCB gespeichert.

Die Zugangsdaten, bestehend aus der ID im Wählerverzeichnisses und der PIN, werden dem Wähler bereits im Vorlauf gesondert durch die Meldebehörde zur Verfügung gestellt. Die separate Übermittlung dieser Informationen ist aus Sicherheitsgründen zwingend erforderlich, wobei die Zugangsdaten bei verschiedenen Wahlen und sonstigen eGovernment-Verfahren Anwendung finden können. Sollten sich hier andere Identitätsprovider, wie z.B. die deutschlandweit vorhandenen Servicekonten, im öffentlichen Umfeld etablieren oder der neue Personalausweis sich zu einer flächendeckenden, deutschlandweiten Signaturkarte entwickeln, können diese ebenfalls dazu verwendet werden, den Wähler zu identifizieren und durch eine PIN zu authentifizieren. Die Autorisierung für diesen Wahlvorgang würde weiterhin über eine gesondert übermittelte TAN sichergestellt werden. Dabei wird das Ziel verfolgt, dass die Authentifizierungsinformationen und die Autorisierung durch unterschiedliche Organisationseinheiten verwaltet werden.

---

407 *Drescher,* Blockchain Grundlagen – Eine Einführung in die elementaren Konzepte in 25 Schritten, S. 100 ff.

Sollte ein Wahlberechtigter nach Erhalt der Wahlunterlagen entweder PIN oder TAN verloren haben, wird nach Feststellung der Personalien geprüft, ob er seine Stimme bereits abgegeben hat. Diese Prüfung erfolgt durch das Wahlamt, da nur hier die TAN des Wählers bekannt ist. Sollte der Wählberechtigte noch nicht gewählt haben, wird die bisherige Transaktionsnummer entwertet und werden eine neue PIN und eine neue TAN generiert und in der WCB entsprechend hinterlegt.

Nach der Stimmabgabe durch den Wahlberechtigten wird ein Block in der WCB ergänzt, der einen Hashwert bestehend aus Hashreferenz und dem Hashwert der TAN enthält. Hierdurch ist eine erneute (doppelte) Stimmabgabe nicht möglich. Dennoch kann der Wähler seine Stimme deutschlandweit in jedem Wahllokal oder online abgeben und die Daten der Transaktionen können trotz der enthaltenen Zeitstempel nur mit erheblichem Aufwand und nicht mit Sicherheit zurückverfolgt werden.

Die WCB wird nach dem Schließen der Wahllokale unverzüglich irreversibel gelöscht und steht somit für spätere Auswertungen nicht zur Verfügung.

III. Exkurs Self-Sovereign-Identity

Perspektivisch könnten auch andere Zero-Trust-Authentifizierungsverfahren wie beispielsweise Self-Sovereign-Identity (SSI) verwendet werden, die ebenfalls auf der Blockchain-Technologie basieren. Das SSI-Verfahren wäre für die Authentifizierung in einem derartigen Online-Wahlverfahren ebenfalls geeignet. Die selbstverwaltete Identität des Wählers basiert auf einer virtuellen Geldbörse, einem sogenannten „Wallet".

Bei diesem Verfahren wird einmalig von einer öffentlichen und vertrauenswürdigen Stelle bestätigt, dass es sich bei dem Wallet-Inhaber um die Person handelt, für die sie sich ausgibt, und durch ein ausgestelltes Zertifikat im Wallet bestätigt. Das Vorliegen dieses Zertifikats stellt die Bedingung dafür dar, dass vor einer Wahl weitere Zertifikate im Wallet hinterlegt werden, die die Person für den jeweiligen Wahlvorgang autorisieren. Hierdurch könnten die weiter oben beschriebenen TANs ersetzt und ein noch sicheres Verfahren etabliert werden. Derartige selbstverwaltete Authentisierungsverfahren werden aktuell bereits in unterschiedlichen öffentlich geförderten Projekten verprobt.

Hier sind insbesondere folgende unterschiedliche Förderprojekte zu nennen:

- Govchain.nrw: Ein Forschungsprojekt in Aachen. Hier wurden Anwendungsfälle wie Wohnungsgeberbestätigung auf Basis einer SSI-Infrastruktur umgesetzt. Das Projekt wurde erfolgreich abgeschlossen.

- ID-Union: Ein Projekt des Bundesministeriums für Wirtschaft und Energie (BMWI). In dem Projekt ID-Union soll eine grundlegende Infrastruktur für die Verifikation von Identitäten entwickelt werden.
- ONCE: Ziel des vom BMWI geförderten Projektes ist es, dass sich die digitalen Identitäten ganzheitlich auf dem Smartphone-Wallet der Menschen nachweisen lassen.

IV. Stimmen-Chain (WSB)

In der WSB werden regelmäßig (in einem vorher definierten Zeitraum) Blöcke erzeugt und die Stimmen der Wähler laufend (Transaktionen) gespeichert. Welcher Knoten den nächsten Block sucht, wird im Round-Robin-Verfahren ermittelt. Die zeitliche Gruppierung der Transaktionen ist notwendig, damit anhand der Blockreihenfolge keine Zuordnung zwischen WCB und WSB möglich ist. Die Gruppierung erfolgt entsprechend der Reihenfolge der Stimmabgabe (Transaktionen). Jede Transaktion enthält einen Hashwert bestehend aus Gerätenummer und Stimme. Mit dieser Zuordnung soll die Auswertbarkeit während der Öffnungszeiten der Wahllokale am Wahltag deutlich erschwert werden, da die dafür nötige Entschlüsselung nur per Brute-Force-Methode möglich wäre.

Die Zuordnung der Gerätenummern zu einem Wahlbezirk oder einem Wahlkreis liegt nur zentral vor und erschwert den Brute-Force-Angriff Dritter zur vorzeitigen Auswertung der Stimmen. Weiterhin wird in der Transaktion der Hashwert des Ökosystems, bestehend aus

- der Version des Betriebssystems,
- einer Hardware-ID bestehend aus Netzwerkkarte (MAC-Adresse) und CPU
- sowie einem Hashwert des bei Stimmabgabe im Einsatz befindlichen Source-Codes, gespeichert.

Anhand des Hashwerts des Source-Codes kann jederzeit sichergestellt werden, dass er bei Stimmabgabe nicht manipuliert wurde. Der Hashwert des Ökosystems stellt sicher, dass die Stimmabgabe über ein zulässiges Stimmabgabegerät erfolgte, das seinerseits nicht manipuliert war. Weiterhin wird der Source-Code veröffentlicht und kann durch jeden Wähler geprüft werden. Insbesondere können sachverständige Institutionen und Personen den Code inspizieren.

Darüber hinaus wird das Hashverfahren publik gemacht, so dass interessierte Wähler einen eigenen Hashwert über den Source-Code bilden und diesen in das Wahllokal nehmen können. Der Hashwert der im Wahllokal im Einsatz befindlichen Software wird auf der Überwachungsinstanz z.b. als QR-Code angezeigt und kann dort mit dem vorher gebildeten Hashwert verglichen werden. Hierdurch können sich die Wähler versichern, dass der Source-Code nicht verändert wurde. Der Wähler muss darauf aber keinesfalls allein vertrauen, sondern kann – wie vom Verfassungsgericht im Wahlgeräteurteil gefordert – auch selbst die eingesetzte Software überprüfen.[408]

Bei der Fern-Online-Wahl (Wahl außerhalb der Wahllokale) wird die Server-Infrastruktur im Rechenzentrum in den Hashwert aufgenommen. Des Weiteren werden Informationen zum Endgerät des Wählers (PC, Laptop oder Mobiltelefon), über das die Stimme abgeben wurde, wie beispielsweise die verwendete Betriebssystemversion oder eine Endgeräte-Identifikationsnummer, ergänzt. Dies bedeutet, dass auch bei der Online-Stimmabgabe eine dedizierte Zuordnung zwischen Wähler und Server-Infrastruktur vorab erfolgen muss, damit die Stimme auswertbar ist und der Wähler die Stimme nach Abgabe überprüfen kann. Die Überprüfung muss an demselben Endgerät erfolgen, an dem die Stimme abgegeben wurde, da sich die endgerätespezifischen Informationen unterscheiden und die Stimme andernfalls unlesbar wäre.

Alle Informationen werden einzeln gehasht und es wird eine Hashreferenz auf alle Einzelhashwerte erzeugt, die an alle Knoten der privaten Blockchain als Transaktionen verteilt wird. Die Knoten warten ein vorher definiertes Zeitfenster ab und fassen alle Transaktionen, die in dem vorher definierten Zeitfenster eingetroffen sind, in einem Merkle-Tree zusammen; sie erzeugen anschließend die Hashreferenz auf diesen Merkle-Tree. Auf diese Weise ist eine unveränderliche Referenz von allen enthaltenen Informationen in dem neu zu suchenden Block gespeichert.

Die Information selbst kann in derselben Blockchain gespeichert werden. Nach Erzeugung des Merkle-Trees suchen (minen) die Knoten einen neuen Block, der dann nach erfolgreicher Suche durch einen Knoten wiederum durch alle anderen Knoten qualitätsgesichert wird. Hierfür kommuniziert der erfolgreiche Knoten die Informationen an alle ihm bekannten Knoten in der unmittelbaren Nachbarschaft (in diesem Anwendungsszenario kommunizieren alle Knoten mit allen anderen).[409]

408   *D. Heckmann*, Anmerkung zur Wahlcomputerentscheidung des Bundesverfassungsgerichts, jurisPR-ITR 6/2009 Anm. 2.

409   *Drescher*, Blockchain Grundlagen – Eine Einführung in die elementaren Konzepte in 25 Schritten, S. 164.

Soweit der Block der Überprüfung durch alle Knoten standgehalten hat, fügen die Knoten den Block zu ihrer jeweiligen Blockchain hinzu. Sollte ein Block aufgrund eines Fehlers beziehungsweise aufgrund eines temporären Forks (unterschiedliche Knoten haben unterschiedliche Enden der Blockchain weitergeführt) oder aufgrund eines Mining-Fehlers verwaisen, werden die Transaktionen dieses Blocks wieder zurück in den Arbeitsvorrat gelegt und im nächsten Block verarbeitet.[410]

Welcher Pfad der Blockchain weitergeführt wird, entscheiden die Knoten mithilfe des oben beschriebenen Konsensalgorithmus selbstständig.

Durch das der Blockchain-Technologie zugrundeliegende Protokoll und die verwendete Technologie ist ein Verlust sowie eine Doppelverarbeitung von Transaktionen (in diesem Anwendungsfall von Wählerstimmen) ausgeschlossen. Die Verteilung der Informationen im „Tratsch-Stil" sorgt dafür, dass alle n-Knoten alle Informationen n-1fach erhalten, jedoch durch die eindeutige Kennung nicht mehrfach verarbeiten.

Die Webserver, die den zur Stimmabgabe verwendeten Source-Code ausführen, laufen auf den Stimmabgabegeräten selbst, sind indessen ausschließlich von diesen erreichbar (Präsenzwahl mit elektronischer Unterstützung-Präsenz-Online-Wahl). Die Webserver, die für eine Fernwahl mit einem unbekannten Endgerät aus einem unsicheren Netz außerhalb der geschützten Umgebung des Wahllokals bereitgestellt werden, stehen in hierfür gesondert eingerichteten Fern-Wahllokalen z.B. in kommunalen Rechenzentren, die für diesen Zweck mit besonders geschützten Internetzugängen versehen werden müssen.

Bei der Fern-Online-Wahl wird der Hashwert des Ökosystems und der Hashwert des im Einsatz befindlichen Source-Codes auf dem Webserver generiert und wie auch bei der Präsenz-Online-Wahl in der Transaktion gespeichert.

Der Aufbau der Fern-Online-Wahl gleicht der Wahl im Wahllokal. Auch bei dieser existieren Überwachungs- und Wahlinstanzen pro Wahlbezirk – in diesem Fall der Brief- oder zukünftig Online-Wahl-Bezirk. Bereits heute verfügen Briefwahlbezirke über einen eigenen Wahlvorstand und Personen, die die Stimmen nach Schließung der Wahllokale auszählen. Diese Personen wären in Zukunft dafür zuständig, die Manipulationsfreiheit der Infrastruktur im Rechenzentrum zu überprüfen.

---

410   *Drescher*, Blockchain Grundlagen – Eine Einführung in die elementaren Konzepte in 25 Schritten, S. 189 f.

Alle Knoten (auch die „besonderen" Knoten in den kommunalen Rechenzentren) werden über ein virtuelles privates Netzwerk (VPN) miteinander verbunden und kommunizieren so in verschlüsselter Weise miteinander.

V. Wahllokal-Chain (WLB)

Die WLB existiert ausschließlich am Wahltag während der Öffnungszeit des Wahllokals. In dieser Blockchain werden die im entsprechenden Wahllokal abgegebenen Stimmen zwischenzeitlich zur Nachkontrolle gespeichert. Die wesentliche Aufgabe der WLB ist die Verbindung der WCB mit der WSB, um die Laienkontrolle durch den Wähler sicherzustellen. Hierzu wird auf der einen Seite eine Hashreferenz auf die WCB zur Identifizierung des Wählers und auf der anderen Seite zur WSB zur Identifizierung der abgegebenen Stimme hergestellt. Diese Verknüpfung stellt ein Problem für das Wahlgeheimnis dar, da mithilfe dieser Blockchain theoretisch festgestellt werden könnte, welche Person welche Partei gewählt hat. Gleichzeitig ist diese Blockchain notwendig, um die Laienkontrolle (Nachvollziehbarkeit der richtigen Wertung der abgegebenen Stimmen) sicherzustellen. Aus den vorgenannten Gründen und aufgrund der Gefahr, die aus dieser Verknüpfung resultiert, werden zwecks Minimierung des Risikos mehrere Sicherheitsvorkehrungen getroffen.

- Die WLB wird nach dem Schließen der Wahllokale unverzüglich irreversibel gelöscht und steht somit für spätere Auswertungen nicht zur Verfügung. Hierzu könnte die WLB ausschließlich in einem flüchtigen Speicher, wie beispielsweise dem Hauptspeicher des Stimmabgabegeräts, gespeichert werden, auf dem nach der Trennung von der Stromversorgung sämtliche Daten automatisch gelöscht werden.
- Die WLB liegt anders als die anderen Blockchains, namentlich die WSB und die WCB, ausschließlich auf dem Stimmabgabegerät des Wahlbezirks oder bei einer Online-Wahl an dem Endgerät, auf dem auch die Stimmabgabe erfolgt ist.
- Die Hashreferenz auf das Wählerverzeichnis (WCB) wird um ein Passwort („Salt"), das während des Wahlvorgangs durch den Wähler selbst vergeben wird, den Hashwert des Ökosystems und den Hashwert des Source-Codes („Pepper") ergänzt.

Diese Maßnahmen erhöhen die Entropie des Hashwerts sowie die Kollisionsresistenz und bewirken somit deutlich die Verringerung der „Entschlüsselbarkeit" des Hashwertes.[411] Hierdurch werden Brut-Force-Angriffe auf Basis von Rainbowtables deutlich erschwert.

Durch die WLB und die Art, wie die Daten in dieser verschlüsselt werden, kann die Kontrolle nur durch den Wähler selbst stattfinden; nur er kennt das selbstvergebene Passwort und das Stimmabgabegerät, denn nur auf diesem ist die Umgebung die, die bei Stimmabgabe vorgelegen hat. Die Überprüfung ist darüber hinaus nur dann erfolgreich, wenn seit der Stimmabgabe der Source-Code nicht manipuliert wurde.

Die Individualkontrolle der abgegebenen und unveränderbar in der Blockchain gespeicherten Stimme durch den Wähler bleibt jederzeit möglich, wobei eine nachträgliche Veränderung der Stimme nicht vorgesehen ist. Diese Individualkontrolle erfolgt nach Authentifizierung und Eingabe des individuellen Passworts am Stimmabgabegerät, von dem die Stimme initial abgegeben wurde. Nur mit diesen drei Faktoren – der Identität, dem Hashwert des Ökosystems („Pepper") und dem individuellen Passwort („Salt") – kann der entsprechende Stimmabgabedatensatz des Wählers in der Blockchain ermittelt und angezeigt werden.

Daraufhin muss der Hashwert der Stimme mit dem Brute-Force-Verfahren ermittelt (die maximale Anzahl Versuche entspricht der Anzahl Wahlbezirke) und die Stimme angezeigt werden. Die nachträgliche Anzeige der in der Blockchain gespeicherten und bereits propagierten Information kann hierdurch ohne Gefährdung des Geheimhaltungsgrundsatzes realisiert werden. Um darüber hinaus die Quittungsfreiheit sicherzustellen, wird in keinem Fall gleichzeitig der Name des Wählers und der Inhalt der Stimme dargestellt, wobei diese Forderung in einem Spannungsverhältnis zur Laienkontrolle steht.

Während der Öffnungszeiten der Wahllokale kann der Wähler sich am Endgerät, an dem die Stimme abgegeben wurde, erneut authentifizieren und nach Eingabe des Passworts seine gespeicherte Stimme erneut einsehen. Die Blockchain-Technologie stellt mit verschiedenen Methoden sicher, dass die Stimme nach Abgabe nicht mehr geändert werden kann. Die Referenz zwischen WSB und WCB wird durch eine

---

411 *Barzin/Hammer*, Zentrale Bausteine der Informationssicherheit, S. 234 f.

Abb. 15: Möglichkeiten zur Verwendung

dritte (lokale, auf dem Stimmabgabegerät gespeicherte) Blockchain, namentlich die WLB, sichergestellt, die nach dem Schließen der Wahllokale (siehe oben) irreversibel gelöscht wird.

VI. Selbstüberwachendes Netzwerk

Neben den Stimmabgabegeräten wird in das Netzwerk eines jeden Wahlbezirks eine Überwachungsinstanz integriert, die beim Wahlvorstand sichtbar platziert wird und den aktuellen Hashwert des Source-Codes auf einem Display für jeden Wähler sichtbar anzeigt. Dieses Gerät überprüft die Stimmabgabegeräte in den Wahlkabinen und lässt sich über das Netzwerk (Network-File-System-[NFS]) Protokoll den Inhalt der Systemplatten zurückgeben, deren Inhalt es mit dem gespeicherten Hashwert der Überwachungsinstanz vergleicht. Die Stimmabgabegeräte prüfen per Prüfsignal (Heartbeat), ob die Überwachungsinstanz erreichbar ist. Tritt ein Fehler bei einem Stimmabgabegerät auf, schlägt das Überwachungsgerät Alarm und das betroffene Gerät geht offline. Ist die Überwachungsinstanz für die Stimmabgabegeräte nicht zu erreichen, gehen alle Stimmabgabegeräte in dem Wahlbezirk offline (siehe Abb. 16).

Dies sorgt auf der einen Seite dafür, dass an den einzelnen Geräten keine Manipulationen vorgenommen werden können, da diese permanent überprüft werden und nicht alle Stimmabgabegeräte inklusive der Überwachungsinstanz, die ihrerseits direkt vom Wahlvorstand

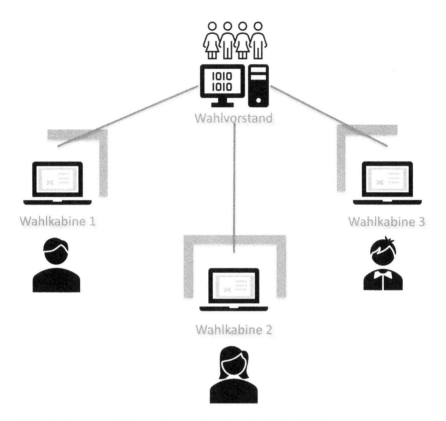

Abb. 16: Hard- und Softwareüberwachung bei der Online-Wahl

überwacht wird, gleichzeitig geändert werden können. Auf der anderen Seite können alle Wähler bei Stimmabgabe den Hashcode auf der Überwachungsinstanz und dem Stimmabgabegerät vergleichen. Dies ermöglicht insofern die Wahrung des Publizitätsgrundsatzes bei Wahlen, da auch ohne profunde technische Kenntnisse eine Überprüfung des im Einsatz befindlichen Source-Codes möglich ist.

Bei einer Manipulation eines Stimmabgabegeräts werden wenigstens temporär unterschiedliche Source-Code-Stände auf den Stimmabgabegeräten laufen, sodass jene als solche erkennbar wird (siehe Abb. 17).

Das beschriebene Verfahren zur Überwachung der unterschiedlichen Hard- und Softwarekomponenten kann auch bei der Fern-Online-Wahl eingesetzt werden. Hierfür ist die Frage zu klären, auf welchen föderalen Ebenen diese

Fern-Online-Wahl-Bezirke angesiedelt werden. Aus Risikodiversifizierungs-
gründen wäre eine möglichst subsidiäre

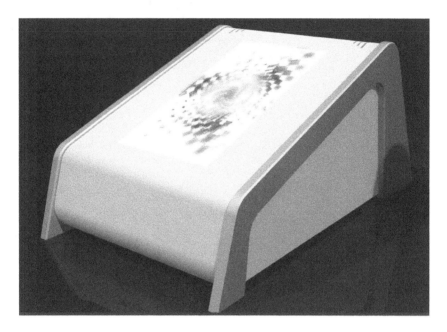

Abb. 17: Darstellung eines Wahlgeräts

Realisierung sinnvoll. So könnten Digitale-Fernwahlbezirke vor Ort z.B. beim
Wahlleiter angesiedelt und durch einen lokalen Wahlvorstand überwacht werden. Sollte ein Angriff auf die Infrastruktur erfolgen, wären nur wenige Wähler
betroffen. Außerdem ist zu bemerken, dass es sich um die kosten- und perso-
nalintensivste Realisierungsvariante handelt. Darüber hinaus könnten sich die
Wähler weiterhin vor Ort von der rechtmäßigen Durchführung der Wahl überzeugen. Dies dürfte das Vertrauen in eine ordnungsgemäße Durchführung der
digitalen Fern-Online-Wahl deutlich erhöhen.
    Würde die Durchführung der Wahl auf die Landes- oder Bundesebene
delegiert, so wären dafür die notwendigen technischen Infrastrukturen ska-
lierbar z.B. in kommunalen Rechenzentren zu implementieren. Dabei könnten etwa auf Landesebene Wahlvorstände benannt werden, die an zentraler
Stelle die Infrastrukturen beobachten und prüfen, ob die im Einsatz befindli-
che Hard- und Softwarekomponenten unverändert sind. Auch in diesem Fall

könnten interessierte Wähler in das zentrale Fern-Online-Wahllokal kommen und sich selbst davon überzeugen. Aufgrund einer wahrscheinlichen geografischen Entfernung zwischen dem Wohnort des Wählers und einem zentralen Fern-Online-Wahllokal ist der Publizitätsgrundsatz bei diesem Realisierungsvorschlag deutlich eingeschränkt. Vorteile sind die geringeren Kosten, die sich in einem höheren Maße durch Professionalität auszeichnende Infrastruktur und die Umgebung in den Rechenzentren, die aus Sicht der IT-Sicherheit zu bevorzugen ist. Ein weiterer Nachteil neben dem eingeschränkten Publizitätsgrundsatz ist, dass das Interesse eines potenziellen Störers daran, eine solche Infrastruktur anzugreifen, aufgrund der Auswirkungen in einem möglichen Erfolgsfall deutlich steigen dürfte.

Darüber hinaus wird die gesamte Kommunikation der Blockchain-Knoten auf dem Transportweg gemäß Stand der Technik verschlüsselt. Die Kommunikation der einzelnen Knoten erfolgt in einem VPN. Weiterhin sind die relevanten Daten gehasht, so dass auf sie nicht zugegriffen werden kann.

In den folgenden Kapiteln wird die Patentanmeldung des Verfahrens beschrieben und dieses Verfahren aus rechtlicher Sicht bewertet.

H. Software-Patentanmeldung

Im Rahmen der vorliegenden Arbeit wird das in Kapitel „Technischer Realisierungsvorschlag", S. 105 beschriebene technische Verfahren zum Patent angemeldet.

Die Voraussetzungen zur Erteilung eines Patents sind, dass die Erfindung

- auf einer erfinderischen Tätigkeit beruht,
- sich einem Fachmann nicht auf naheliegende Weise aus dem Stand der Technik im jeweiligen Fachbereich ergibt,
- die notwendige Technizität aufweist,
- neu und
- gewerblich verwertbar ist.[412]

Zur Prüfung der Voraussetzungen wurde in 2018 eine umfassende Recherche in den Datenbanken des Deutschen Patents- und Markenamts (DPMA) durchgeführt; hierfür wurde auch das Rechercheangebot des Patent- und Normenzentrums an der Rheinisch-Westfälischen Technischen Hochschule (RWTH) in Anspruch genommen. Innerhalb dieser Recherche wurden aus der Gesamtmenge aller Patente aus den Bereichen Blockchain (2.881 Treffer), Wahlen (Election, Voting, Wahl; insgesamt 67.013 Treffer) und der Internationalen Patentklassifikation (IPC) für Wahlmaschinen (G07C 13/00) die relevanten Treffer gefiltert und analysiert.

Im Wesentlichen lassen sich die Patente mit ähnlichem Patentgegenstand grob in folgende Kategorien unterteilen:

- Wahlmaschinen, die die Stimme entweder mit einem privaten Schlüssel verschlüsseln und später mit einem öffentlichen Schlüssel auswerten oder die Stimme nicht verschlüsseln. Des Weiteren gibt es Verfahren, die die Wähleridentität nicht speichern oder diese asynchron verschlüsseln. (Beispielsweise IBM [WO2007028694],[413] Dirk Kukulenz [DE102007014175][414])

---

412   *DPMA*, Deutsches Patent und Markenamt, Merkblatt für Patentanmelder, https://bit.ly/2zOaiwc (abgerufen am 21.01.2023).

413   *Kelley/Anderson/Motika*, Secure voting system, https://bit.ly/2xVNTfj (abgerufen am 21.01.2023).

414   *Kukulenz*, Kontrollbasiertes elektronisches Wahlsystem, https://bit.ly/2QqoPnc (abgerufen am 21.01.2023).

- Wahlmaschinen, bei denen die Stimmen analog wiedergegeben, aber elektronisch gezählt werden; ein Beispiel wäre die Bestätigung der elektronischen Stimmabgabe am Wahlgerät durch eine parallele papierbasierte Speicherung, die zusätzlich gezählt werden kann. (Beispielsweise Dr. Georg Lohr [DE102009001362],[415] HSG Wahlsysteme [DE102010050883][416])
- Wahlsysteme, die bereits auf unterschiedlichen Block-Chain-Ideen basieren. (Beispielsweise Blockchain-Technologies Corporation [US2017352219],[417] FollowMy Vote Inc. [US2017109955][418] u.a.)
- Wahlmaschinen, bei denen mithilfe eines Digitalisierungsverfahrens analoge Stimmzettel digitalisiert und ausgezählt werden.

Neben den bereits beschriebenen Patenten wurden weitere 91 Patent-Applikationen auf Überschneidungen hin überprüft. Auf diese Weise wurde der „Stand der Technik" ermittelt. Hierfür wurde in der IPC für Wahlmaschinen (G07C 13/00) insbesondere nach den Begriffen Hashwert und asymmetrische Kryptographie sowie nach verschiedenen weiteren Synonymen der Begriffe in unterschiedlichen Sprachen gefiltert.

Die weiteren Patente unterscheiden sich vor allem bei der Wahrung der Anonymität des Wählers und der Resilienz gegen Manipulationen. Im Wesentlichen wird danach unterschieden, wann die privaten Schlüssel gelöscht werden, wie häufig die Daten verschlüsselt werden und ob die Stimmabgabe über das Internet oder ein anderes unsicheres Netzwerk erfolgen kann oder die Wähler zur Stimmabgabe in ein Wahllokal gehen müssen. Darüber hinaus setzen alle weiteren geprüften Patente auf einen vertrauenswürdigen zentralen Intermediär, dem der Wähler vertrauen muss. Selbst wenn dieser Intermediär uneingeschränkt vertrauenswürdig ist, was eine Voraussetzung für eine Parlamentswahl wäre, ergibt eine Risikoabschätzung, dass die notwendige Sicherheit der IT-Systeme und die Vertrauenswürdigkeit der Akteure bei einer zentralen Lösung nicht zu gewährleisten ist, weshalb ein solches Wahlverfahren ausscheidet. Jeglicher Angriffsvektor wird zukünftig gegen diese zentralen IT-Systeme

---

415 *Lohr*, Wahlmaschine, https://bit.ly/2zQ8CTb (abgerufen am 21.01.2023).

416 *Geiping*, Wahlverfahren mit Wahlzetteln oder Stimmbelegen und automatisierter, redundanter Zählung und dafür geeignete Wahlvorrichtung, https://bit.ly/2RkB 5at (abgerufen am 21.01.2023).

417 *Spanos/Martin/Dixon*, System and method for securely receiving and counting votes in an election, https://bit.ly/2xXUAxl (abgerufen am 21.01.2023).

418 *Ernest/Hourt/Larimer*, Blockchain electronic voting system and method, https:// bit.ly/2DW6Rb8 (abgerufen am 21.01.2023).

gerichtet sein und selbst bei geringer Eintrittswahrscheinlichkeit sind die Konsequenzen für die jeweilige Wahl zu gravierend; das Risiko ist daher zu groß. Ziel muss es sein, für demokratische Wahlen ein Verfahren zu implementieren, das die notwendige Sicherheit intrinsisch führt, hierfür jedoch keiner vertrauenswürdigen Instanz bedarf und zur Herstellung der Sicherheit auch nicht darauf angewiesen ist, dass es geheim gehalten wird. Darüber hinaus ist zwingend erforderlich, dass dieses Verfahren die Anforderungen aus dem Wahlgeräteurteil des Bundesverfassungsgerichts[419] umfassend erfüllt. Ein solches Verfahren stellt die hier beschriebene Erfindung dar.

I. Patentantrag

Grundsätzlich ist Software gemäß § 1 Abs. 3 Nr. 3 Patentgesetz (PatG)[420] einem Patentschutz in Deutschland nicht zugänglich. Ob einem Softwareprogramm im Ausnahmefall doch Patentschutz gewährt werden kann, hängt von der Technizität der Software ab.[421] Juristen unterscheiden bei der Bewertung von Software in technische und nichttechnische Programme. Im Einzelfall muss der tatsächliche Beitrag der Software zu einer technischen Neuerung festgestellt werden.[422]

Vor dem Hintergrund dieser Ausführungen wurde eine Verbindung zwischen dem Verfahren als solches und dem technischen Realisierungsansatz (selbstüberwachendes Netzwerk) in einem Patentantrag hergestellt.

Für die vorliegende Erfindung wurden drei Patentanträge wie folgt eingereicht:

• Am 24. April 2018 wurde der Patentantrag beim Deutschen Paten- und Markenamt (DPMA) unter der Nummer DE102018109825A1 eingereicht.
• Am 8. April 2019 wurde die Erweiterung des Patentschutzes beim Europäischen Patentamt auf die Europäische Union unter der Nummer EP3561782A1 veröffentlicht.

---

419 BVerfG, Urteil vom 03.03.2009 – 2 BvC 3/07, BVerfGE 123, 39–88.
420 Patentgesetz in der Fassung der Bekanntmachung vom 16. Dezember 1980 (BGBl. 1981 I S. 1), das zuletzt durch Artikel 1 des Gesetzes vom 30. August 2021 (BGBl. I S. 4074) geändert worden ist.
421 *Kamlah*, Softwareschutz durch Patent- und Urheberrecht, CR 2010, S. 485–492, (S. 487).
422 *Kamlah*, Softwareschutz durch Patent- und Urheberrecht, CR 2010, S. 485–492, (S. 486 f).

- Am 17. April 2019 wurde ein Patentantrag beim Patent- und Markenamt der Vereinigten Staaten (United States Patent and Trademark Office) unter der Nummer US20190325684A1 eingereicht.

1. Deutscher Patentantrag

Auf Grundlage der §§ 34 Abs. 6, 63 Abs. 4 PatG[423] hat das Bundesministerium der Justiz entschieden, die Bestimmung über die Form und sonstige Erfordernisse zur Anmeldung eines Patents per Rechtsverordnung an das Deutsche Patent- und Markenamt (DPMA) zu übertragen. Das DPMA hat auf Basis dieser Übertragung eine Rechtsverordnung erlassen, die Form- und sonstige Erfordernisse an einen Patentantrag regelt.[424]

Diese Patenverordnung (PatV) normiert in den §§ 3–13 PatV[425] die Patentanmeldung und das Patentverfahren. Der § 9 PatV regelt die Patentansprüche und teilt diese in Haupt- und Nebenansprüche auf.

Paragraf 9 Abs. 5 und Abs. 6 PatV legen fest, dass jeder Hauptbeziehungsweise Nebenanspruch weitere Unteransprüche enthalten kann. Unabhängig davon muss bezüglich sämtlicher Ansprüche der Grundsatz der Einheitlichkeit gewahrt bleiben (§ 9 Abs. 5 PatV[426]).

Ziel bei der Formulierung des Patentantrags war es, einen möglichst umfassenden Patentschutz zu erreichen. Hierfür musste der Antrag sowohl technologieagnostisch als auch möglichst abstrakt gefasst werden. Ein weiteres wesentliches Anliegen zu diesem frühen Zeitpunkt der Antragsformulierung war es, einem möglichen Leser nicht zu viele technische Realisierungsinformationen zu offenbaren, da diese – sollte der Patentantrag wegen eines zu weit gefassten Anspruchs oder eines Fehlers in der Antragstellung oder im Verfahren erneut eingereicht werden müssen – als Stand der Technik nicht mehr patentierbar gewesen wären. Dies hätte darüber hinaus zur Folge gehabt, dass die offenbarten Informationen nicht mehr wirtschaftlich verwertbar gewesen

---

423 Patentgesetz in der Fassung der Bekanntmachung vom 16. Dezember 1980 (BGBl. 1981 I S. 1), das zuletzt durch Artikel 1 des Gesetzes vom 30. August 2021 (BGBl. I S. 4074) geändert worden ist.

424 Patentverordnung vom 1. September 2003 (BGBl. I S. 1702), die zuletzt durch Artikel 1 der Verordnung vom 14. Juni 2022 (BGBl. I S. 878) geändert worden ist.

425 Patentverordnung vom 1. September 2003 (BGBl. I S. 1702), die zuletzt durch Artikel 1 der Verordnung vom 14. Juni 2022 (BGBl. I S. 878) geändert worden ist.

426 Patentverordnung vom 1. September 2003 (BGBl. I S. 1702), die zuletzt durch Artikel 1 der Verordnung vom 14. Juni 2022 (BGBl. I S. 878) geändert worden ist.

wären, da sie durch eine später vergebene Lizenz nicht umfasst gewesen wären. Hierbei offenbart sich ein Zielkonflikt, da gleichzeitig dem Prüfer des DPMA die Neuheit und die Technizität des Patents hinreichend dargelegt werden muss, damit er die eingereichte Patentschrift bewerten kann.

Der Patentantrag wurde im ersten Schritt beim DPMA auf Basis dieser Rechtsverordnung eingereicht. Der eingereichte Patentantrag untergliedert sich im Wesentlichen in 16 Haupt- und Nebenansprüche und 11 Ausführungsbeispiele.[427]

Aufgrund der abstrakten technikneutralen Formulierung der Haupt- und Nebenansprüche gab es unmittelbar nach Einreichung des Patentantrags bereits Rückfragen zur Neuheit und Technizität des Verfahrens, die in einem umfassenden Schriftwechsel mit dem Prüfer des DPMA in erster Prüfung ausgeräumt werden konnten. Insbesondere die technische Agnostizität warf Fragen auf, da bekannte Begriffe wie Blockchain oder Hashreferenz nicht Bestandteil des Hauptanspruchs waren. In Schriftwechsel konnten einzelne Punkte aus den Nebenansprüchen in den Hauptanspruch übernommen werden; so war es möglich, dem Prüfer einen Eindruck über die Neuheit der Erfindung zu vermitteln, ohne gleichzeitig den Patentanspruch zu stark einzuschränken.

Das Patentverfahren des DPMA ist zum Zeitpunkt des Schreibens dieser Arbeit weiterhin anhängig und kann nach Einschätzung des Autors auch noch bis zu zwei weitere Jahre in Anspruch nehmen.

2. Europäischen Patentantrag

Die Pariser Übereinkunft zum Schutz des gewerblichen Eigentums (PÜV)[428] regelt in Art. 4 lit. A Nr. 1 PÜV, dass ein Erfinder, der ein Patent in einem Verbandsland angemeldet hat, für eine spezifizierte Frist ein sogenanntes Prioritätsrecht besitzt. Dies bedeutet, dass sich der Erfinder Tatsachen, die in dem Zeitraum seit der ersten Anmeldung und vor Verstreichen der Frist eingetreten und publik geworden sind, nicht entgegenhalten lassen muss und diese somit nicht patentschädlich sind (Art. 4 lit. B PÜV). In Art. 4 lit. C Nr. 1 PÜV[429] wird geregelt, dass diese Prioritätsfrist für Erfindungspatente

---

427 *DPMA*, Offenlegungsschrift DE102018109825A1 des DPMA zum Wahlverfahren, https://bit.ly/3D56mYb (abgerufen am 21.01.2023).

428 Pariser Übereinkunft zum Schutz des gewerblichen Eigentums revidiert in Stockholm am 14. Juli 1967.

429 Pariser Übereinkunft zum Schutz des gewerblichen Eigentums revidiert in Stockholm am 14. Juli 1967.

zwölf Monate beträgt. Art. 4 lit. C Nr. 4 PÜV sieht darüber hinaus vor, dass die Prioritätsfrist ab dem Zeitpunkt der ersten Anmeldung (Hinterlegungs-zeitpunkt) zu laufen beginnt.

Auf Grundlage dieses Prioritätsrechts wurde am 8. April 2019 eine Erwei-terung der Schutzwirkung des Patents auf die Vertragsstaaten der Europäi-schen Patenorganisation (EPO) beantragt. Hierfür wurde der ursprüngliche und nicht der konkretisierte Patentantrag beim Europäischen Patentamt auf die Europäische Union (EPA) eingereicht. Auch hier entstanden unmit-telbar nahezu identische Rückfragen, die im Rahmen eines Schriftwechsels mit dem EPA gelöst werden konnten. Hierzu wurden ebenfalls Nebenan-sprüche in den Hauptanspruch übernommen und der Patentantrag derart konkretisiert.

Auch das Patentverfahren des EPA ist zum Zeitpunkt der Niederschrift wei-terhin anhängig und kann nach Einschätzung des Autors auch noch bis zu zwei weitere Jahre in Anspruch nehmen.

3. US-Patentantrag

Ebenfalls auf Basis des in der Pariser Übereinkunft zum Schutz des gewerbli-chen Eigentums (PÜV)[430] kodifizierten Prioritätsrechts wurde am 17. April 2019 beim Patent- und Markenamt der USA (United States Patent and Trademark Office) ein Antrag eingereicht. Im Anschluss wurden Rückfragen insbesondere zur Abgrenzung von bereits erteilten Patenten gestellt. Diese Rückfragen wur-den umfassend schriftlich beantwortet.

Anders als beim deutschen und beim europäischen Patentantrag wurde der US-Patentantrag bereits nach einer Prüfzeit von zwei Jahren am 13. April 2021 unter der Nummer US10977887B2 erteilt.

---

430   Pariser Übereinkunft zum Schutz des gewerblichen Eigentums revidiert in Stock-holm am 14. Juli 1967.

II. Patentrechtliche Unterschiede zwischen den USA und der EU/Deutschland

Die deutlich schnellere Patenterteilung in den USA liegt insbesondere an der leichteren Patentierbarkeit für technische Software, die in Deutschland beziehungsweise in Europa nur sehr eingeschränkt patentierbar sind.[431]

Bis 2011 wurde in den USA für die Beurteilung, ob eine Erfindung neu ist oder nicht, der Zeitpunkt der Erfindung herangezogen („first-to-invent").[432] Dies war lange Zeit ein wesentlicher Unterschied zwischen dem Patentrecht in den USA und demjenigen in der EU, da bei Letzterem auf den Zeitpunkt der Anmeldung abgestellt wird („first-to-file"). Nachdem das First-to-invent-Prinzip in der Praxis tatsächlich fast ausschließlich in den Vereinigten Staaten zum Einsatz kam, wurde das US-Patentgesetz am 16. September 2011 erneuert. Infolge dieser Revision stellen die USA nun ebenfalls auf den Zeitpunkt der Anmeldung ab.

Ein weiterer wesentlicher Unterschied zwischen dem Europäischen und dem US-Patentrecht betrifft die Bewertung des Stands der Technik.

---

431 *Schmoch*, Wettbewerbsvorsprung durch Patentinformation: Handbuch für die Recherchenpraxis, S. 24.
432 *Schmoch*, Wettbewerbsvorsprung durch Patentinformation: Handbuch für die Recherchenpraxis, S. 26.

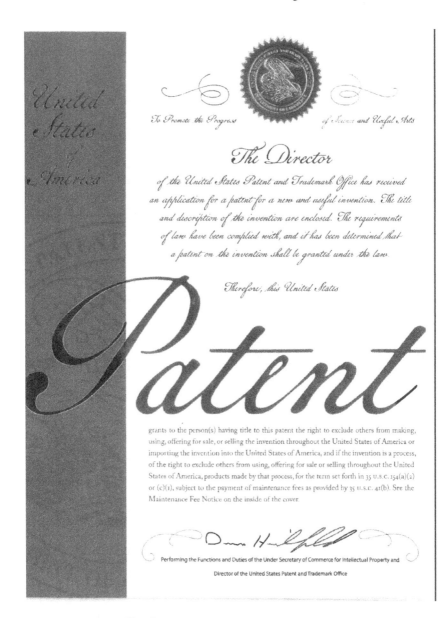

Abb. 18: Patentzertifikat der Vereinigten Staaten

In einem Patentverfahren vor dem Europäischen Patentamt (Gleiches gilt auch für das DPMA) sind alle Veröffentlichungen, die vor dem Anmeldetag stattgefunden haben, patenthindernd. Hierbei wird auf die absolute Neuheit einer Erfindung abgestellt. Im Patentrecht in den USA existiert lediglich ein Katalog mit Ausschlussgründen, der in § 102 – Conditions for patentability; novelty in U.S.C. Code 35[433] zu finden ist.

In § 102 U.S.C. Code 35 ist definiert, dass ein Patent zu erteilen ist, es sei denn, die Erfindung

- wurde vor der Anmeldung bereits durch eine andere Person als den Erfinder in einer Veröffentlichung beschrieben, öffentlich verwendet, zum Verkauf angeboten oder war in sonstiger Art und Weise öffentlich zugänglich oder
- war bereits Bestandteil eines erteilten Patents oder einer laufenden Patentanmeldung eines anderen Erfinders.

In § 102 U.S.C. Code 35 lit. b.[434] sind wiederum Ausnahmen zu den genannten Ausnahmen definiert. In Absatz 1 steht, dass Offenbarungen, die binnen eines Jahres vor dem Anmeldetag stattgefunden haben und die entweder durch den Erfinder oder dessen Miterfinder veröffentlicht wurden oder durch den Erfinder oder dessen Miterfinder vor der Offenbarung bereits öffentlich bekannt gemacht worden sind, nicht zum Stand der Technik hinzugezählt werden. Dies stellt einen Unterschied zum Europäischen beziehungsweise deutschen Patentrecht dar. Hier finden sich weiterhin Fragmente des First-to-inventAnsatzes im US-Patenrecht, wonach es nicht auf den Zeitpunkt der Anmeldung, sondern auf die tatsächliche Erfindung ankommt.

In § 102 U.S.C. Code 35 lit. c.[435] ist geregelt, wie mit Erfindungen im Rahmen von gemeinsamen Forschungsvereinbarungen umzugehen ist, und lit. d. Abs. 2 regelt unter anderem das bereits erwähnte Prioritätsrecht, demzufolge im Rahmen der Prioritätsfrist angemeldete Patente nicht als patentschädlich betrachtet werden.

In Conclusio ist es offensichtlich, dass eine Prüfung anhand eines in sich abgeschlossen Kriterienkatalog im Prüfungsverfahren geringeren Aufwand bedeutet als die grundsätzliche Feststellung, ob ein Patentgegenstand eine „absolute Neuheit" ist. Aus diesem Grund darf es nicht verwundern, dass die

---

433   U.S. Code 35 Title – PATENTS.
434   U.S. Code 35 Title – PATENTS.
435   U.S. Code 35 Title – PATENTS.

Patentverfahren in den USA deutlich weniger Zeit in Anspruch nehmen als in
Deutschland beziehungsweise in der EU.

Welches der Verfahren in der Durchsetzung zu besseren Ergebnissen führt,
kann hier dahingestellt bleiben. Nach Einschätzung des Autors ist eine Prüfung auf Basis derart abstrakter Unterlagen, die zur Anmeldung des Patents
in Deutschland und der EU eingereicht werden, nur schwerlich möglich. Die
tatsächliche Frage, ob es sich bei der Erfindung um eine „absolute Neuheit"
handelt, wird im Einzelfall in Gerichtsverfahren entschieden werden müssen,
sobald sich ein weiterer Erfinder in seinen Rechten verletzt sieht.

I. Rechtliche Bewertung des technischen Realisierungsvorschlags

In diesem Kapitel wird der bereits beschriebene technische Realisierungsvorschlag (siehe auch „Technischer Realisierungsvorschlag", S. 105) im Hinblick auf die Anforderungen, die das Bundesverfassungsgericht in seinem Urteil[436] statuiert hat, validiert. Darüber hinaus wird der technische Realisierungsvorschlag im Bezug auf die weitergehenden unterschiedlichen Wahlrechtsgrundsätze („Die unterschiedlichen Wahlrechtsgrundsätze", S. 47), die gemäß Art. 38 Abs. 1 S. 1 GG[437] die Grundlage einer demokratischen Wahl bilden, geprüft.

I. Set the scene: Der Prüfgegenstand

Der Gegenstand der Prüfung ist der technische Realisierungsvorschlag. Die Anforderungen ergeben sich aus den Anforderungen an eine fakultative Online-Wahl,[438] was bedeutet, dass zusätzlich eine Stimmabgabe in Papierform an der Urne möglich sein muss (Deutschen Bundestag gemäß Art. 38 Abs. 1 S. 1 GG[439]). Hierbei soll die Möglichkeit geschaffen werden, seine Stimme sowohl im Wahllokal als auch aus der Ferne digital abzugeben. Dies hat zur Folge, dass im Folgenden der technische Realisierungsvorschlag vor dem Hintergrund eines rechtlichen Maximalszenarios geprüft werden muss.

II. Wiederholung der Ausführungen zum Wahlgeräteurteil

Neben den unterschiedlichen Wahlrechtsgrundsätzen muss der technische Realisierungsvorschlag auch die Prüfung bezüglich der Ausführungen aus dem Wahlgeräteurteils des Bundesverfassungsgerichts von 2009[440] standhalten.

Aus diesem Urteil ergaben sich namentlich folgende Leitsätze:

---

436 BVerfG, Urteil vom 03.03.2009 – 2 BvC 3/07, BVerfGE 123, 39–88.
437 Grundgesetz für die Bundesrepublik Deutschland in der im Bundesgesetzblatt Teil III, Gliederungsnummer 100-1, veröffentlichten bereinigten Fassung zuletzt geändert durch Artikel 1 des Gesetzes vom 13. Juli 2017 (BGBl. I S. 2347).
438 *Richter*, Wahlen im Internet rechtsgemäß gestalten, S. 192 f.
439 Grundgesetz für die Bundesrepublik Deutschland in der im Bundesgesetzblatt Teil III, Gliederungsnummer 100-1, veröffentlichten bereinigten Fassung zuletzt geändert durch Artikel 1 des Gesetzes vom 13. Juli 2017 (BGBl. I S. 2347).
440 BVerfG, Urteil vom 03.03.2009 – 2 BvC 3/07, BVerfGE 123, 39–88.

- *Der Grundsatz der Öffentlichkeit der Wahl aus Art. 38 in Verbindung mit Art. 20 Abs. 1 und Abs. 2 GG gebietet, dass alle wesentlichen Schritte der Wahl öffentlicher Überprüfbarkeit unterliegen, soweit nicht andere verfassungsrechtliche Belange eine Ausnahme rechtfertigen.*
- *Beim Einsatz elektronischer Wahlgeräte müssen die wesentlichen Schritte der Wahlhandlung und der Ergebnisermittlung vom Bürger zuverlässig und ohne besondere Sachkenntnis überprüft werden können.*[441]

Hierbei hat das Verfassungsgericht auf der einen Seite den Grundsatz der Öffentlichkeit der Wahl gemäß Art. 38 GG in Verbindung mit Art. 20 Abs. 1 und Abs. 2 GG betont und darauf hingewiesen, dass alle wesentlichen Schritte der Wahl der Überprüfung durch die Öffentlichkeit unterliegen. Darüber hinaus hat das Gericht ergänzt, dass bei einem Einsatz von elektronischen Wahlgeräten ebenfalls die Stimmabgabe und die Ergebnisfeststellung vom Wähler sicher und ohne IT-Kenntnisse überprüft werden können müssen.

Im weiteren Verlauf dieses Kapitels werden diese Grundsätze als zentrale Grundsätze im Detail geprüft und bewertet.

III. Ausführungen zur Öffentlichkeit der Wahl

Das gesamte Online-Wahlverfahren unterliegt dem Öffentlichkeitsgrundsatz, was den gesamten Wahlvorgang, von der Vorbereitung der Wahl über die Durchführung der Wahl bis hin zur Auszählung der Stimmen, umfasst.[442] Die demokratische Legitimität einer Wahl erfordert die Beteiligung der Öffentlichkeit, um den Verdacht der Manipulation durch die beteiligten Wahlorgane auszuschließen.[443] Dies wäre bei dem beschriebenen Wahlverfahren jederzeit gegeben.

Der Quellcode der im Einsatz befindlichen Wahlsoftware, die im Zuge von parlamentarischen Internet- oder Präsenzwahlen auf elektronischen Wahlcomputern zum Einsatz kommt, wird publik gemacht, so dass sich sowohl die Öffentlichkeit als auch unterschiedliche Organisationen wie das BSI, der CCC, die Gesellschaft für Informatik sowie die Physikalisch-Technische Bundesanstalt von ihrer Fehler- und Manipulationsfreiheit überzeugen können. Hierfür ist notwendig, dass sich analog zu Kerkhoffs Prinzip die Sicherheit des Wahlverfahrens aus diesem selbst und den verwendeten Schlüsseln ergibt – und

---

441   BVerfG, Urteil vom 03.03.2009 – 2 BvC 3/07, BVerfGE 123, 39–88.
442   *Magiera*, in: *Sachs/et al.* Grundgesetz Kommentar, Art. 38 Rn. 104.
443   Klein/Schwarz, in: *Maunz/Dürig*, Grundgesetz: Kommentar, Art. 38 Rn. 120.

nicht aus der Geheimhaltung des Verschlüsselungsalgorithmus.[444] Dies ist eine Grundvoraussetzung, um eine Wahlsoftware zu veröffentlichen. Die Öffentlichkeitsbeteiligung wird somit durch die Beobachtung der Wahlvorgänge im Wahllokal und bei Bedarf durch Bereitstellung einer Webseite im Vergleich zur Urnenwahl deutlich ausgebaut.

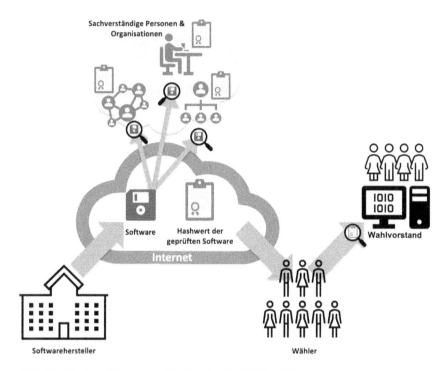

Abb. 19: Veröffentlichung des Quellcodes des Wahlverfahrens

Weiterhin überwachen sich die Knoten innerhalb eines Wahllokals gegenseitig. Hierfür fragen sie auf standardisierten Schnittstellen jeweils den Quellcode der benachbarten Knoten ab. Sollte sich der Hashwert des abgefragten Source-Codes von dem des zentralen, beim Wahlvorstand platzierten Knotens unterscheiden, wird der Knoten mit dem manipulierten Source-Code automatisch aus dem Netzwerk ausgeschlossen und kann keine weiteren Stimmen

---

444   *Barzin/Hammer*, Zentrale Bausteine der Informationssicherheit, S. 250.

entgegennehmen. Hierdurch ist eine Kontrolle des Netzwerks, nicht nur durch die Öffentlichkeit, sondern vielmehr auch durch dieses selbst in automatisierter Weise sichergestellt. Darüber hinaus kann der Source-Code-Hashwert des zentralen Knotens mit dem Hashwert auf der zentralen Webseite der Wahlleitung (zum Beispiel der Bundeswahlleitung) verglichen werden. Auf dieser zentralen Webseite kann sich jeder Wähler den Source-Code des Wahlverfahrens herunterladen, ihn mit dem dort ebenfalls aufgeführten Hashverfahren verarbeiten, sich mit dem so selbst generierten Hashwert in das Wahllokal begeben und sich in diesem davon überzeugen, dass der Source-Code unverändert zum Einsatz kommt.

Weiterhin wird zu jeder Stimme in der Blockchain der Hashwert der zum Zeitpunkt der Stimmabgabe im Einsatz befindlichen Software gespeichert. Dies ermöglicht darüber hinaus, dass bei der späteren Stimmauswertung nur die Stimmen berücksichtigt werden, die auf einem nicht manipulierten Wahlgerät abgegeben wurden. Dies erstreckt sich weiter auf die Wahlgeräte im Fern-Wahllokal, auf denen die aus der Ferne über das Internet abgegebenen Stimmen erfasst werden.

Darüber hinaus werden die Knoten des geschützten, privaten P2P-Netzwerkes der Blockchain, auf denen die Daten abgelegt werden, in den Wahllokalen positioniert und durch den Wahlvorstand beobachtet. Die Wähler können sich vor Ort in den Wahllokalen davon überzeugen, dass keine Manipulationen an den Knoten des P2P-Netzwerkes vorgenommen werden. Weiterhin werden die Daten der Blockchain dezentral auf diesen in den Wahllokalen befindlichen Knoten gespeichert. Auf jedem Knoten werden alle abgegebenen Stimmen gespeichert vorgehalten. Der Verlust eines Knotens aufgrund eines Defektes oder aufgrund von Manipulationen führt somit nicht zum Datenverlust. Der Verlust von Wählerstimmen ist bei Nutzung der beschriebenen Architektur nahezu ausgeschlossen.

Somit sind die Elemente des Publizitätsprinzips, der Transparenz beziehungsweise der Nachvollziehbarkeit und der Nachprüfbarkeit der Wahl,[445] grundsätzlich erfüllt und gleichzeitig wird ohne eine Einschränkung eine höhere Wahlbeteiligung erreicht.

Ob das Bundesverfassungsgericht bei parlamentarischen Wahlen weiterhin auf eine zweite Speicherungsform (Ausdruck der Stimme und zusätzliche analoge Stimmabgabe) besteht, ist aufgrund der geänderten Technologie und

---

445   *Butzer*, in: *Epping/Hillgruber*, Beck'scher Online-Kommentar Grundgesetz, Art. 38 Rn. 101.

der hierdurch deutlich gesteigerten Sicherheit fraglich. Die zweite Speicherungsform könnte jedenfalls übergangsweise das Vertrauen des Wählers in ein solches, neues Wahlverfahren stärken und wäre bei dem hier beschriebenen Verfahren möglich.

IV. Ausführungen zur Laienkontrolle

Das Prinzip der Laienkontrolle basiert auf der Tatsache, dass die Wahl als solche überprüfbar und ordnungsgemäß durchgeführt werden muss, um die Legitimation des gewählten Parlaments zu begründen und gleichzeitig das Vertrauen der Bürger in die Wahl sicherzustellen.[446] Die Laienkontrolle hat das Bundesverfassungsgericht im zweiten Leitsatz seines Urteils adressiert. In diesem Leitsatz wird die fehlende (einfache) Verifizierungsmöglichkeit genannt und die Sicherheit des Wählers, die dann gegeben ist, wenn seine Stimme weder vor der Speicherung durch den Wahlcomputer noch vor der Auswertung manipuliert wurde, adressiert. Das Verfassungsgericht fordert, dass die wesentlichen Schritte der Wahl durch einen Wähler ohne Sachkenntnis einfach und verlässlich überprüft werden können.[447] Der Bedarf wird deswegen angemahnt, weil elektronische Wahlgeräte, die für gewöhnlich nicht ohne spezielle IT-Kenntnisse überprüft werden können, als hochgradig fehleranfällig und manipulierbar gelten. Insbesondere die Fehlerfreiheit der Software auf den Stimmabgabegeräten ist durch einen Laien bei den bekannten Wahllösungen nicht überprüfbar. Gerade die Auswirkungen einzelner Fehler auf die gesamte Wahl bewertet das Verfassungsgericht zurecht besonders kritisch.[448]

Weiterhin führt das Gericht aus, dass die bloße Anzeige der Stimme auf dem elektronischen Wege nicht ausreicht, insbesondere dann, wenn die Auszählung der Stimme ebenfalls elektronisch erfolgt, da die Manipulation der Stimme auch erst bei der Auszählung erfolgen könnte.[449] Dieser Einwand des Gerichtes ist insbesondere im Hinblick auf datenbankgestütze Online-Wahlverfahren berechtigt. Bei der Blockchain-Technologie ist die Stimme bereits bei Speicherung und Verschlüsselung des Blockes unveränderbar und kann durch den Wähler selbst ohne IT-Kenntnisse kontrolliert und durch jeden IT-affinen Bürger ausgewertet werden. Dies ist möglich, ohne dass die Blockchain hierdurch manipulierbar wird. Merkmale der DLT sind gerade die Unveränderbarkeit der

---

446 *Klein/Schwarz*, in: *Maunz/Dürig*, Grundgesetz: Kommentar, Art. 38 Rn. 120.
447 *Magiera*, in: *Sachs/ et al.* Grundgesetz Kommentar, Art. 38 Rn. 104.
448 BVerfG, Urteil vom 03.03.2009 – 2 BvC 3/07, BVerfGE 123, 39–88, Rn. 118.
449 BVerfG, Urteil vom 03.03.2009 – 2 BvC 3/07, BVerfGE 123, 39–88, Rn. 119.

Blockchain und die Validierung der Transaktionen durch die Miner der Blockchain, um die dezentrale Wahrheit unabhängig vom Intermediär herzustellen. Die Umsetzung dieser neuen technologischen Möglichkeiten muss durch das Verfassungsgericht auf ihre grundgesetzliche Zulässigkeit hin überprüft werden. Die geforderte Ausgabe der Stimme in Papierform und die parallele Abgabe des gedruckten Wahlzettels können nicht Ultima Ratio sein. Vielmehr gilt es, die technischen Möglichkeiten der DLT auszuloten und gemäß den Anforderungen des Grundgesetzes an eine demokratische Wahl zu prüfen.[450]

Wenn auch diese Forderung des Bundesverfassungsgerichts gegen das beschriebene Wahlverfahren auf Blockchain-Basis geprüft wird, so wird sich zeigen, dass die Verifizierungsmöglichkeiten des Wählers in einer Blockchain die heutigen Möglichkeiten bei einer Urnenwahl um ein Vielfaches übersteigen, da er seine bei der Wahl abgegebene und unveränderbar gespeicherte Stimme im Nachhinein überprüfen kann. Die Vertraulichkeit der Stimmabgabe übersteigt die einer Präsenzwahl, bei der die Gefahr der Einsichtnahme durch Anwesende besteht (Geheimhaltungsgrundsatz), und die einer Briefwahl deutlich.

V. Andere verbleibende Probleme bei der Verwendung von Online-Wahlverfahren

Ein allgemeines Problem einer rechnergestützten Wahl besteht darin, dass Zwischenergebnisse bereits vor dem Schließen der Wahllokale bei den stimmberechtigten Bürgern bekannt werden können. Sollten diese Informationen öffentlich zugänglich sein, könnten sie das Wahlverhalten späterer Wähler beeinflussen. Eine solche Veröffentlichung vor dem Schließen der Wahllokale ist zwingend organisatorisch und auch technisch zu verhindern. Eine geeignete technische Möglichkeit hierfür ist im technischen Realisierungsvorschlag beschrieben.

Ein weiteres Problem sind Denial-of-Service-Angriffe – der Versuch, durch die verwendete IT-Infrastruktur oder die Energieversorgung gezielt zu überlasten. Derartige Angriffe können die Wahlvorgänge an einzelnen Standorten stören oder sie gar unmöglich machen. Eine Ausdehnung solcher Angriffe auf alle Knoten im geschützten P2P-Netzwerk der Blockchain ist sehr unwahrscheinlich und bei der Nutzung eines VPN zur Verbindung der Knoten und einer geeigneten Absicherung nahezu unmöglich.

---

450   BVerfG, Urteil vom 03.03.2009 – 2 BvC 3/07, BVerfGE 123, 39–88, Rn. 120 f.

VI. Die rechtliche Basis der Prüfung

Gemäß dem bereits festgelegten Maximalszenario, für das der technische Realisierungsvorschlag geprüft wird, ergeben sich die wesentlichen Anforderungen aus dem Demokratieprinzip des Grundgesetzes.[451] Als zentral für das Demokratieverständnis in Deutschland ist der Art. 20 Abs. 2 GG[452] anzusehen. In Art. 38 Abs. 1 S. 1 GG[453] wird festgelegt, dass die Abgeordneten des Deutschen Bundestags in „allgemeiner, unmittelbarer, freier, gleicher und geheimer Wahl" zu wählen sind. Darüber hinaus sind das Mehrheitsprinzip[454] und das Prinzip der Stimmrechtsgleichheit in einer Demokratie weiterer Bestandteil der Prüfung.

Im weiteren Verlauf wird der technische Realisierungsvorschlag am Maßstab der unterschiedlichen Wahlrechtsgrundsätze gemäß Art. 38 Abs. 1 S. 1 GG[455] geprüft.

1. Prüfkriterium 1: Freiheit der Wahl

Die Freiheit der Wahl umfasst neben der Freiheit im Sinne einer unbeeinflussten Stimmabgabe durch den Wähler[456] auch die Gestaltung der Stimmzettel[457] (siehe auch „Die Freiheit der Wahl", S. 48). Da gemäß obiger Beschreibung eine Stimmabgabe sowohl in der Wahlkabine als auch aus der Ferne (Online-Wahl) erfolgen können soll, unterscheiden sich diese Formen der Stimmabgabe nicht von der bisherigen Urnenwahl und der ebenfalls – durch das Bundesverfassungsgericht als zulässig angesehenen – Briefwahl. Bei der Urnenwahl wird

---

451 Grundgesetz für die Bundesrepublik Deutschland in der im Bundesgesetzblatt Teil III, Gliederungsnummer 100-1, veröffentlichten bereinigten Fassung zuletzt geändert durch Artikel 1 des Gesetzes vom 13. Juli 2017 (BGBl. I S. 2347).
452 Grundgesetz für die Bundesrepublik Deutschland in der im Bundesgesetzblatt Teil III, Gliederungsnummer 100-1, veröffentlichten bereinigten Fassung zuletzt geändert durch Artikel 1 des Gesetzes vom 13. Juli 2017 (BGBl. I S. 2347).
453 Grundgesetz für die Bundesrepublik Deutschland in der im Bundesgesetzblatt Teil III, Gliederungsnummer 100-1, veröffentlichten bereinigten Fassung zuletzt geändert durch Artikel 1 des Gesetzes vom 13. Juli 2017 (BGBl. I S. 2347).
454 Sachs, in: Sachs/et al. Grundgesetz Kommentar, Art. 20 Rn. 21.
455 Grundgesetz für die Bundesrepublik Deutschland in der im Bundesgesetzblatt Teil III, Gliederungsnummer 100-1, veröffentlichten bereinigten Fassung zuletzt geändert durch Artikel 1 des Gesetzes vom 13. Juli 2017 (BGBl. I S. 2347).
456 Klein/Schwarz, in: Maunz/Dürig, Grundgesetz: Kommentar, Art. 38 Rn. 110.
457 RhPfVerfGH, Unzulässige Einwirkung auf Wahlentscheidung durch Gestaltung des Stimmzettels, NVwZ 2014, 1089, (S. 1090).

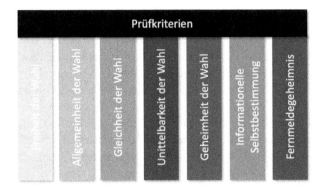

Abb. 20: Die unterschiedlichen Prüfkriterien

durch den Wahlvorstand sichergestellt, dass sich in einer Wahlkabine jeweils nur ein Wähler befindet, was eine unmittelbare Anwendung von Zwang bei der Stimmabgabe verhindert. Dies trifft sowohl auf eine papiergebundene als auch auf eine digitale Stimmabgabe zu.

Bei der Stimmabgabe aus der Ferne kann eine solche Beeinflussung durch Dritte nicht ausgeschlossen werden. Hier tritt das Prinzip der Freiheit der Wahl mit dem Prinzip der Allgemeinheit der Wahl in Konkurrenz. Allen Wahlberechtigten – auch Menschen mit (temporären) Behinderungen – soll der Zugang zur Wahl eröffnet werden. Somit besteht bei der rechtlichen Einschätzung bezüglich der Stimmabgabe aus der Ferne kein Unterschied zwischen Brief- und Fern-Online-Wahl.

Eine Beeinflussung durch die Gestaltung des Stimmzettels darf auch bei einer Online-Wahl, unabhängig davon, ob diese aus der Ferne oder in Präsenz durchgeführt wird, nicht stattfinden.[458] Hierfür sollten einheitliche Vorgaben bei den Stimmzetteln eingeführt und zentral für alle Wahlkreise umgesetzt werden. Eine solche zentrale Festlegung würde mögliche Gestaltungsfehler in den lokalen Wahlkreisen reduzieren und somit in Summe ein höheres Maß an Freiheit der Wahl bewirken.

Weitere Faktoren, die die Freiheit der Wahl ebenfalls einschränken könnten, etwa die Vorab-Festlegung starrer Reservelisten der Parteien, sind durch die unterschiedlichen Arten der Stimmabgabe nicht tangiert.

---

458 *RhPfVerfGH*, Unzulässige Einwirkung auf Wahlentscheidung durch Gestaltung des Stimmzettels, NVwZ 2014, 1089, (S. 1090).

2. Prüfkriterium 2: Allgemeinheit der Wahl

Die Allgemeinheit der Wahl ist eine konkrete Ausprägung des allgemeinen Gleichheitsgrundsatzes.[459] Ausformuliert lautet der Grundsatz, dass grundsätzlich jedem der Zugang zur Wahl gleichermaßen möglich sein muss[460] und dieses Recht nur aus zwingenden Gründen (siehe auch „Die Allgemeinheit der Wahl", S. 49) eingeschränkt werden darf.

Gerade der Allgemeinheit der Wahl kommt im Rahmen der Digitalisierung eine große Bedeutung zu. Gerade die Online-Wahl in ihrer Ausprägung als Fern-Online-Wahl bietet die Möglichkeit, dass sich der Wähler niederschwellig an einer Wahl beteiligen und aus der Ferne wählen kann. Neben der Tatsache, dass hierdurch Personen mit körperlichen oder geistigen Einschränkungen die Teilnahme erleichtert wird, sind derartige Online-Wahlverfahren auch in Zeiten einer pandemischen Lage durchführbar, ohne dass sich die Wähler hierdurch der Gefahr einer Ansteckung aussetzen und vor Angst nicht in das Wahllokal gehen, wie dies in den vergangenen Jahren geschehen ist.[461]

Ein weiterer Aspekt ist, dass sich die Mobilität der Menschen durch dienstlich gebotene Reisen sowie durch Urlaube generell erhöht hat und sie somit seltener an ihrem Erstwohnsitz, an dem sie ihre Stimme abgeben müssten, verweilen. Auch diese Herausforderung könnte durch das Fern-Online-Wahlverfahren bewältigt werden. Welchen Einfluss diese Art der Stimmabgabe auf die Bevölkerung in ihren verschiedenen Segmenten hat, muss in den kommenden Jahren gesellschaftlich diskutiert werden (siehe auch „Soziokulturelle Bewertung von Online-Wahlen", S. 81). Die Tatsache, dass der Wahlvorgang „nebenbei" durchgeführt werden kann und die Wahl als solche keine soziokulturelle, integrierende und verbindende Wirkung mehr entfaltet, muss in einem gesellschaftlichen Diskurs kritisch gewürdigt werden.[462]

Darüber hinaus muss in einem möglichen Echteinsatz des Online-Wahlverfahrens mindestens vorübergehend neben der Präsenz-Online-Wahl auch die Urnen-Präsenzwahl weiterhin ermöglicht werden, um technisch weniger

---

459   BVerfG, Beschluss vom 06.05.1970 – 2 BvR 158/70, BVerfGE 28, 220, S. 225.

460   *Klein/Schwarz*, in: *Maunz/Dürig*, Grundgesetz: Kommentar, Art. 38 Rn. 89.

461   *Leininger/Wagner*, Wählen in der Pandemie: Herausforderungen und Konsequenzen. Z Politikwiss 31, 91–100 (2021), Zeitschrift für Politikwissenschaft, (S. 96).

462   *Richter*, Wahlen im Internet rechtsgemäß gestalten, S. 122 f.

versierte Personen oder solche, die neuen Technologien kritisch gegenüberstehen, nicht in ihrem Wahlrecht zu beschränken.[463]

3. Prüfkriterium 3: Gleichheit der Wahl

Die beiden Grundsätze der Gleichheit und der Allgemeinheit der Wahl sichern gemeinsam die politische Gleichheit der Bürger,[464] wobei die Gleichheit der Wahl auf die Gleichheit des Stimmwertes eines jeden Wählers abzielt (siehe auch „Die Gleichheit der Wahl", S. 51).

Bei diesem Prüfkriterium sind im Wesentlichen drei Punkte zu bewerten:

• Die abgegebene Stimme fließt nicht in das Ergebnis ein.
• Die abgegebene Stimme fließt doppelt in das Ergebnis ein.
• Bei der Stimmenauszählung werden die abgegebenen Stimmen unterschiedlich gewichtet.

In dem Realisierungsvorschlag wird durch die Blockchain-Technologie sichergestellt, dass alle Stimmen erfasst und auch nur ein einziges Mal verarbeitet werden. Alle Stimmabgaben (Transaktionen) werden an alle Knoten der Blockchain (des Peer-to-Peer-Netzwerkes) geschickt und dort verarbeitet und alle Miner, die nicht an der Erstellung des aktuellen Blocks arbeiten, überprüfen die Verarbeitung. Sollte ein Block verworfen werden, weil dieser z.B. durch einen unzulässigen

Peer generiert wurde, werden die Transaktionen (Stimmen) zurück in die Warteschlage gestellt und in einen der folgenden Blöcke aufgenommen. Auf diese Weise wird technisch verhindert, dass eine Stimmabgabe doppelt erfolgen kann oder eine abgegebene Stimme nicht gezählt wird. Diese Technologie ist erprobt und kommt mittlerweile seit über 13 Jahren in der Bitcoin-Blockchain ohne technische Komplikationen wie fehlende oder doppelte Transaktionen zum Einsatz, welche die Kontostände der einzelnen Bitcoin-Besitzer verfälschen würden.

Eine doppelte Stimmabgabe durch einen Wähler wird verhindert, indem vor Öffnung der Wahllokale eine Hashreferenz auf das Wählerverzeichnis gemeinsam mit der vergebenen TAN in einer verteilten Blockchain (WCB) gespeichert wird. Nachdem der Wähler seine Stimme abgegeben hat, wird ein

---

463   S. *Bretthauer*, Online-Wahlen zu Parlamenten als modernes Instrument demokratischer Partizipation in Zeiten von Pandemie und Digitalisierung, KritV Kritische Vierteljahresschrift für Gesetzgebung und Rechtswissenschaft, 3–33 (S. 12).

464   *Klein/Schwarz*, in: *Maunz/Dürig*, Grundgesetz: Kommentar, Art. 38 Rn. 126.

weiterer Eintrag in die Wähler-Chain (WCB) geschrieben. Dieser Eintrag setzt sich zusammen aus dem einen Hashwert, bestehend aus Hashreferenz auf das Wählerverzeichnis und TAN. Hierdurch kann gleichzeitig eine erneute Stimmabgabe verhindert und dennoch in jedem Wahllokal in Deutschland gewählt werden.

Die vorgenannten technischen Absicherungen, dergestalt, dass die Stimmen der Wähler mit dem gleichen Stimmgewicht in das Ergebnis eingehen, übertreffen aus Sicht der Manipulatonsresistenz die bisherigen manuellen Auszählungen um ein Vielfaches. Bei den manuellen Stimmauszählungen obliegen die Vorkehrungen, die ein doppeltes Zählen oder ein Weglassen einzelner Stimmen verhindern, dem beteiligten Wahlvorstand vor Ort im Wahllokal und werden durch den (mit ehrenamtlichen Laien besetzten) Wahlvorstand überwacht.

Die Vorkehrung, dass die Stimmen auch bei der Auszählung gleich gewichtet werden, ist hingegen durch die Veröffentlichung des Source-Codes sichergestellt. Letzterer wird quelloffen sein, wobei der Zeitpunkt der Veröffentlichung vor der Wahl liegen soll. Die Prüfung kann sowohl durch sachverständige Privatpersonen als auch durch sachverständige Institutionen wie das BSI, die Physikalisch-Technische Bundesanstalt sowie den CCC erfolgen. Weiterhin wird das Hashverfahren veröffentlicht, so dass sich jeder den Hashwert selbst erstellen und ihn später im Wahllokal mit dem dort angezeigten Wert vergleichen kann, um sich derart davon zu überzeugen, dass der Source-Code unverändert Anwendung findet. Sollte es in dem hier beschriebenen Verfahren unterschiedliche Behandlungen von Stimmen mit Bezug auf ihr Stimmgewicht geben, so können sachverständige Personen oder Organisation dies im Vorfeld überprüfen und herausfinden.

Vor diesem Hintergrund erweist sich der hier beschriebene Realisierungsvorschlag als eine deutliche Verbesserung bezogen auf die Gleichheit der Wahl und als dem bisher in den unterschiedlichen Wahllokalen stattfindenden Auszählungs- und Wertungsverfahren deutlich überlegen.

4. Prüfkriterium 4: Unmittelbarkeit der Wahl

Das Prinzip der Unmittelbarkeit ist ein unabdingbares formales Prinzip, das sich insbesondere gegen den Einsatz von Wahlmännern und -frauen als Intermediären richtet (siehe auch „Die Unmittelbarkeit der Wahl", S. 54).

Darüber hinaus darf ausschließlich die Entscheidung des Wählers Einfluss auf das Wahlergebnis haben. Auch wenn dieses Prinzip nur am Rande einschlägig ist, da es hierbei nicht um den Einsatz von Intermediären im Wahlverfahren geht, ist die Unmittelbarkeit der Wahl durch den hier beschriebenen

Realisierungsvorschlag durchaus gestärkt. Keine weitere am Verfahren beteiligte Person hat Einfluss auf die Wertung der abgegebenen Stimmen, was die Unmittelbarkeit der Stimmabgabe stärkt.

5. Prüfkriterium 5: Geheimheit der Wahl

Auf dem Grundsatz des Wahlgeheimnisses liegt im Zuge einer Online-Wahl ein besonderes Augenmerk. In Softwareprodukten kann das Nutzerverhalten offensichtlich einfach nachverfolgt werden – insbesondere vor dem Hintergrund, dass sich im Kontext neue Online-Services-Daten als Gegenleistung des Nutzers etabliert haben (siehe auch „Die Geheimheit der Wahl", S. 55) und gerade das Wahlgeheimnis die Wahlfreiheit des Individuums vor staatlichen und privaten Einflüssen schützt.[465]

Diese Anforderungen werden in dem Realisierungsvorschlag auf unterschiedliche Arten adressiert:

• in der Organisation der Bereitstellung des Wahlverfahrens,
• durch das Online-Wahlverfahren.

Das Wahlverfahren wird – wie bereits beschrieben – publik gemacht, was impliziert, dass jeder prüfen kann, ob und welche Daten die Software speichert. Da ein Großteil der Wähler hierzu nicht in der Lage sein wird, können unterschiedliche Organisationen mit der Prüfung beauftragt werden, gerade auch von diesen Wähler(-gruppen) selbst. Da dieses Realisierungsverfahren so dimensioniert wurde, dass hiermit das Maximalszenario einer Bundestagswahl durchgeführt werden kann, sollten einem Einsatz bei weiteren Wahlanwendungstypen keine Grenzen gesetzt sein. Durch eine zentrale Prüfung und die Veröffentlichung der exakt überprüften Softwareware-Version (Hashwert des Source-Codes) ist ein Einsatz bei weiteren Wahlen unkompliziert und vor allem sicher möglich, da auf gleiche Weise verfahren werden kann.

Darüber hinaus stellt das Online-Wahlverfahren sicher, dass trotz der durch das Bundesverfassungsgericht geforderten Laienkontrolle und somit der eigenen Prüfmöglichkeit im Hinblick darauf, wie die abgegebene Stimme gewertet wurde, keine Verknüpfung zwischen Wähler und Stimme stattfinden kann. Die Stimme des Wählers wird in einer verteilten Blockchain ohne Referenz auf den Wähler gespeichert. Die Referenz erfolgt über eine weitere lokale Blockchain, welche unmittelbar nach Ende der Wahl gelöscht wird. Hierzu wird die Stimme auf dem Stimmabgabegerät in einem flüchtigen Speicher gespeichert,

---

465   *Klein/Schwarz*, in: *Maunz/Dürig*, Grundgesetz: Kommentar, Art. 38 Rn. 117–118.

dessen Daten nach der Trennung des Geräts von der Elektrizitätsversorgung automatisch gelöscht werden.

Eine nachträgliche Korrelation zwischen der WSB und der WCB birgt kein Risiko für die Geheimheit der Wahl, da die Referenz auf das Wählerverzeichnis zusammen mit der TAN gehasht wird, so dass zur Korrelation sowohl die TAN als auch die Hashreferenz benötigt wird. Darüber hinaus wird zusätzlich noch der Zugang zum Wählerverzeichnis benötigt, da dieses gerade nicht in der Blockchain, sondern in einer geschützten Umgebung gespeichert ist. Die Blockchain, von der eine theoretische Gefahr ausgeht, ist die WLB, die nur lokal auf den Stimmabgabegeräten existiert und nicht verteilt wird. Um diese auszuwerten, müsste eine Person in den Besitz einer Kopie der Blockchain kommen. Darüber hinaus sind die Einträge gemeinsam mit einem durch den Wähler vergebenen Passwort und den entsprechenden Umgebungsinformationen des Stimmabgabegeräts gehasht und der Name des Wählers wird zu keinem Zeitpunkt in einer der Blockchains gespeichert. Darüber hinaus wird die lokale Blockchain sowie die WCB nach Schließung der Wahllokale irreversibel gelöscht und ist somit nicht mehr auswertbar. Darüber hinaus ist darauf hinzuweisen, dass auch bei der manuellen Stimmabgabe diese im Wählerverzeichnis unter dem Eintrag des Wählers vermerkt wird, was ebenfalls als zulässig angesehen wird.[466]

6. Prüfkriterium 6: Informationelle Selbstbestimmung

Das Kriterium der informationellen Selbstbestimmung soll sicherstellen, dass jeder Mensch grundsätzlich frei entscheiden kann, wem er seine persönlichen Daten zur Verarbeitung überlässt (siehe auch „Informationelle Selbstbestimmung", S. 58).

Sowohl im Online-Wahlverfahren als auch im Präsenz- oder Briefwahlverfahren müssen persönliche Daten des Wählers verarbeitet werden. Es werden Wahlbenachrichtigungen verschickt, Wählerverzeichnisse erstellt und Briefwahlunterlagen versandt. Diese Verarbeitung ist einfachgesetzlich geregelt und ist insbesondere als verhältnismäßig zu bewerten, was das Bundesverfassungsgericht als Voraussetzung einer solchen Datenverarbeitung angesehen hat.[467] Davon, dass im Online-Wahlverfahren keine weiteren (unzulässigen) Verarbeitungen der Daten stattfinden, können sich, wie auch in den vorherigen Kapiteln

---

466 *Magiera*, in: *Sachs/et al.* Grundgesetz Kommentar, Art. 38 Rn. 103.
467 BVerfG, Urteil vom 15. Dezember 1983 – 1 BvR 209/83, BVerfGE 65, 1, Rn. 44.

beschrieben, Wähler entsprechend überzeugen, indem sie einen geprüften Versionsstand mit dem im Wahllokal eingesetzten Stand vergleichen.

Die Speicherung in den unterschiedlichen Blockchains erfolgt lediglich in Form von Hashwerten und zu keinem Zeitpunkt im Klartext. Da Hashwerte irreversibel sind und die Daten in diesem Realisierungsvorschlag vor der Hashwertbildung um weitere Informationen ergänzt werden, wird eine nachträgliche Verarbeitung zusätzlich erschwert und die Daten im Online-Wahlverfahren umfassend geschützt.

Auch bei diesem Prüfkriterium ist das Online-Wahlverfahren der aktuell praktizierten Urnenwahl überlegen. Bei dem Online-Verfahren werden keine personenbezogenen Daten aus dem Wirkungsbereich der staatlichen Einrichtungen gegeben. Bei der Urnenwahl hingegen werden Wählerlisten ausgegeben und können durch die am Wahlvorgang beteiligten Personen zweckentfremdet werden.

7. Exkurs: Datenschutz

Die Problematik des Datenschutzes wurde im Hinblick auf die Unveränderbarkeit der Blockchain häufig sehr kritisch diskutiert. Diese Unveränderbarkeit der Blockchain verhindert als Nebeneffekt die Umsetzbarkeit des „Rechts auf Vergessen", da die Daten, die einmal in der Blockchain gespeichert wurden, nicht mehr gelöscht werden können.

Diese Diskussion bezog sich im wesentlich auf öffentlich zugängliche Distributed-Ledgers wie die Bitcoin-Blockchain. Bei dem hier vorgeschlagenen Realisierungskonzept handelt es sich um eine private Blockchain, die darüber hinaus in einem VPN betrieben wird. Dies macht es unmöglich, dass unautorisierte Personen Daten in dieser Blockchain abspeichern oder pornografische oder urheberrechtlich geschützte Inhalte in eine der unterschiedlichen Blockchains einschleusen.

8. Prüfkriterium 7: Fernmeldegeheimnis

Das Fernmeldegeheimnis schützt die Vertraulichkeit der fernmeldetechnischen Anlagen vor dem Zugriff durch die öffentliche Gewalt (siehe auch „Fernmeldegeheimnis", S. 59), wobei sich der Zugriff sowohl auf den Inhalt und auf die näheren Umstände als auch auf die an der Kommunikation Beteiligten bezieht. Weiterhin ist zu beachten, dass die im Rahmen des Fernmeldegeheimnisses möglichen Offenlegungen seine Grenze finden, wo diese durch das Wahlgeheimnis unzulässig sind.[468]

In dem beschriebenen Realisierungsvorschlag findet die gesamte Kommunikation der Knoten auf dem Transportwege verschlüsselt statt. Die Kommunikation erfolgt in einem geschützten VPN. Darüber hinaus sind alle relevanten Informationen gehasht, so dass sie nicht mitgelesen werden können. Die Daten sind darüber hinaus manipulationsresistent, da Hashreferenzen sowohl Veränderungen in den Quelldaten als auch in ihnen selbst detektieren und eine Manipulation hierdurch sichtbar wird.

Diese Vorkehrungen schützen den Wähler vor Offenlegung der Informationen sowohl gegenüber der öffentlichen Gewalt als auch gegenüber Dritten. Darüber hinaus handelt es sich bei dem Online-Wahlverfahren um ein Angebot *ad incertas personas* (an die Gesamtheit aller Wähler und nicht an einen bestimmten Wähler); derartige Dienste sind vom Schutzbereich des Fernmeldegeheimnisses ausgenommen.[469]

---

468 *Richter*, Wahlen im Internet rechtsgemäß gestalten, S. 97.
469 *Pagenkopf*, in: *Sachs/et al.* Grundgesetz Kommentar, Art. 10 Rn. 14b.

J. Ergebnis der Arbeit

Im Ergebnis lassen sich die Anforderungen an ein solches Online-Wahlverfahren in zwei Kategorien, nämlich

- technische und
- organisatorische

unterteilen.

Die technischen Anforderungen werden durch die Blockchain-Technologie und ihre Eigenschaften adressiert; dazu zählen ihre Unveränderbarkeit, der integrierte Konsensalgorithmus sowie das zugehörige Übertragungsprotokoll auf der einen und das beschriebene, selbstüberwachende Netzwerk auf der anderen Seite. Mit den technischen Kriterien lässt sich sicherstellen, dass ein definierter und geprüfter Softwarestand zum Einsatz kommt und dieser während der Wahl unverändert bleibt. Dass die abgegebene Stimme als solche (und nicht anders) gewertet wird, garantiert die Blockchain-Technologie. Die Referenzfunktionalität innerhalb der Blockchain sorgt darüber hinaus dafür, dass die Wähler ihre Stimme überprüfen können, ohne dass das Wahlgeheimnis infrage steht.

Die organisatorischen Anforderungen beziehen sich im Wesentlichen auf die Notwendigkeit, ein derartiges Verfahren quelloffen zur Verfügung zu stellen, es durch sachverständige Organisationen wie das BSI und private Organisationen wie den CCC überprüfen zu lassen und das Ergebnis der Prüfung inklusive des Hashwerts des geprüften Softwarestandes zu veröffentlichen. Dieser Hashwert kann später durch jeden Wähler an zentraler Stelle im Wahlvorgang verifiziert werden, wodurch gewährleistet ist, dass der geprüfte Quellcode unverändert zum Einsatz kommt. Darüber hinaus sollten derartige Designkriterien auch für weitere staatlich bereitgestellte Verfahren geprüft werden. Der Bürger darf darauf vertrauen, dass diese sicher sind, und muss die Möglichkeit haben, diese auch selbstständig zu überprüfen.[470] Hierfür sind die beschriebenen Mechanismen grundsätzlich geeignet, müssen jedoch auf den einzelnen Anwendungsfall adaptiert werden.

Im Ergebnis hat sich gezeigt, dass das hier beschriebene Online-Wahlverfahren der bisherigen Urnen- und Briefwahl in mannigfaltiger Weise und

---

470 *D. Heckmann*, Anmerkung zur Wahlcomputerentscheidung des Bundesverfassungsgerichts, jurisPR-ITR 6/2009 Anm. 2.

namentlich im Hinblick auf die Grundsätze der Allgemeinheit, der Freiheit und der Unmittelbarkeit der Wahl deutlich überlegen ist. Darüber hinaus besteht durch die Einführung eines Online-Wahlverfahrens, das auch vollständig digital aus der Ferne bedient werden kann, die Möglichkeit, sich innerhalb einer Legislatur eine Meinung zu einem Thema einzuholen. Dies würde dem Wunsch von mehr als 72 % der Bevölkerung nach mehr direkter Demokratie nachkommen[471] und hätte das Potential, den Druck, der bereits heute auf die repräsentative Demokratie lastet, abzuschwächen.[472]

Im Anschluss an diese Arbeit könnten sich Folgearbeiten im Bereich der Informatik mit der weiteren Ausarbeitung des technischen Realisierungsvorschlags und einem geeigneten Prüfkatalog für derartige Wahlverfahren beschäftigen, um die technisch notwendigen Maßnahmen zu spezifizieren, welche dann durch das BSI in einer Novellierung der technischen Richtlinie münden würden. Hierdurch könnte die aktuell gültige technische Richtlinie aus dem Sozialwahl-Modellprojekt evaluiert werden. Auf der anderen Seite bietet das Thema auch Potential für weitere Arbeiten im juristischen Kontext; z.B. die Erarbeitung eines Vorschlags für die Novellierung der Bundeswahlgeräteverordnung, die die Anforderungen aus dem Wahlgeräteurteil umsetzt und die grundsätzlichen Anforderungen an ein solches Online-Wahlverfahren aus dieser Arbeit berücksichtigt.

Die neue Fassung der Bundeswahlgeräteverordnung müsste dann samt der technischen Richtlinie durch das Bundesverfassungsgericht in einer abstrakten Normenkontrolle gemäß Art. 93 Abs. 1 Nr. 2 GG[473] darauf geprüft werden, ob diese verfassungskonform ist.

---

471 *RND*, Mehrheit der Deutschen will mehr direkte Demokratie, https://bit.ly/4c7x STZ (abgerufen am 06.06.2024).

472 *Buchholtz*, Demokratie und Teilhabe in der digitalen Zeit, DÖV 2017, S. 1009–1016, (S. 1010).

473 Grundgesetz für die Bundesrepublik Deutschland in der im Bundesgesetzblatt Teil III, Gliederungsnummer 100-1, veröffentlichten bereinigten Fassung zuletzt geändert durch Artikel 1 des Gesetzes vom 13. Juli 2017 (BGBl. I S. 2347).

Literaturverzeichnis

Petra Barzin/Volker Hammer (2014): Zentrale Bausteine der Informationssicherheit, 2. Aufl., Karlsruhe 2014.

Bernhard Beckert/u.a. (2021): Aktuelle Entwicklungen im Kontext von Online-Wahlen und digitalen Abstimmungen 2021.

Volker Boehme-Neßler (2018): Das Ende der Demokratie? – Effekte der Digitalisierung aus rechtlicher, politologischer und psychologischer Sicht, 1. Aufl., München 2018.

Lumir Boureanu/u.a. (2019): Blockchains und Distributed-Ledger-Technologien in Unternehmen, Berlin 2019.

Katharina Bräunlich/Rüdiger Grimm/Philipp Richter/Alexander Roßnagel (2013): Der Elektronische Rechtsverkehr – Sichere Internetwahlen, 2013.

Peter Bräutigam/Florian Schmidt-Wudy (): Das geplante Auskunfts- und Herausgaberecht des Betroffenen nach Art. 15 der EU-Datenschutzgrundverordnung, CR 2015, S. 56–63.

Sebastian Bretthauer (2021): Online-Wahlen zu Parlamenten als modernes Instrument demokratischer Partizipation in Zeiten von Pandemie und Digitalisierung, KritV Kritische Vierteljahresschrift für Gesetzgebung und Rechtswissenschaft, 3–33.

Gabriele Buchholtz (2017): Demokratie und Teilhabe in der digitalen Zeit, DÖV 2017, S. 1009–1016.

Daniel Drescher (2017): Blockchain Grundlagen – Eine Einführung in die elementaren Konzepte in 25 Schritten, mitp Business, Heidelberg 2017.

Volker Epping/Christian Hillgruber: Beck'scher Online-Kommentar Grundgesetz, München 2020.

Hans-Georg Fill/Andreas Meier (2020): Blockchain kompakt, Wiesbaden 2020.

Francis Fukuyama (2006): Staaten bauen die neue Herausforderung internationaler Politik, 2006.

Fabian Haibl/Gerrit Hötzel (2014): Verfassungskonformer Einsatz rechnergesteuerter Wahlgeräte, Kassel 2014.

Dirk Heckmann (2009): Anmerkung zur Wahlcomputerentscheidung des Bundesverfassungsgerichts, jurisPR-ITR 6/2009 Anm. 2.

Arne-Patrick Heinze (2014): Systematisches Fallrepetitorium Verfassungsrecht: Staatsorganisationsrecht, Grundrechte, Europarecht, De Gruyter Studium, 2014.

Hesse (1967): Berichte und Auszug aus der Aussprache zu den Berichten in den Verhandlungen der Tagung der deutschen Staatsrechtslehrer zu Wien am 9. und 10. Oktober 1958, Berlin, Boston 1967.

Christian Hoffmann/Anika D. Luch/Sönke E. Schulz/Kim Corinna Borchers (2015): Die digitale Dimension der Grundrechte: Das Grundgesetz im digitalen Zeitalter, DIVSI-Perspektiven, 1. Aufl., Baden-Baden 2015.

Josef Isensee/Paul Kirchhof: Handbuch des Staatsrechts Band III: Demokratie – Bundesorgane, 3. Aufl., Heidelberg 2005.

Hans D. Jarass/Martin Kment: Grundgesetz für die Bundesrepublik Deutschland – Kommentar, 17. Aufl., München 2022.

Dietrich Kamlah (2010): Softwareschutz durch Patent- und Urheberrecht, CR 2010, S. 485–492.

Immanuel Kant (1784): Beantwortung der Frage: Was ist Aufklärung?, Berlinische Monatsschrift, Dezember 1784.

Markus Kaulartz (2016): Die Blockchain-Technologie Hintergründe zur Distributed Ledger Technology und zu Blockchains, CR 2016, S. 474–480.

Markus Kaulartz/Jörn Heckmann (2016): Smart Contracts – Anwendungen der Blockchain-Technologie, Computer und Recht 2016, 618–624.

Arndt Leininger/Aiko Wagner (2021): Wählen in der Pandemie: Herausforderungen und Konsequenzen. Z Politikwiss 31, 91–100 (2021), Zeitschrift für Politikwissenschaft.

Carsten Lindner (2014): Die Gewährleistung des Internetzugangs im Grundgesetz, Berlin, Deutschland 2014.

Theodor Maunz/Günter Dürig : Grundgesetz: Kommentar, 98. Aufl., München 2022.

Christoph Meinel/Tatiana Gayvoronskaya (2020): Blockchain, Berlin, Heidelberg 2020.

Arvind Narayanan/u.a. (2016): Bitcoin and Cryptocurrency Technologies: A Comprehensive Introduction, 2016.

Stephan Neumann/Melanie Volkammer/Johannes Buchmann (2014): Datenschutz und Datensicherheit: DuD: Recht und Sicherheit in Informationsverarbeitung und Kommunikation, DuD 02/2014 S. 98–102.

Jürgen Neyer (1995): Globaler Markt und territorialer Staat. Konturen eines wachsenden Antagonismus, Zeitschrift für internationale Beziehungen, S. 287–315.

RhPfVerfGH (2014): Unzulässige Einwirkung auf Wahlentscheidung durch Gestaltung des Stimmzettels, NVwZ 2014, 1089.

Philipp Richter (2012): Wahlen im Internet rechtsgemäß gestalten, Der elektronische Rechtsverkehr, Baden-Baden 2012.

Frank Rieger/Constanze Kurz (2009): Datenschutz und Datensicherheit: DuD: Recht und Sicherheit in Informationsverarbeitung und Kommunikation, DuD 02/2009 S. 84–87.

Gerald Roth (1994): Mit drei Direktmandaten in den Bundestag? – Zur Verfassungswidrigkeit der Grundmandatsklausel, NJW 1994, 3269.

Nadine Rückeshäuser/Christian Brenig/Günter Müller (2017): Datenschutz und Datensicherheit: DuD: Recht und Sicherheit in Informationsverarbeitung und Kommunikation, DuD 08/2017 S. 492–496.

Victor Rutz (2020): Blockchain quo vadis – Eine Stärken-Schwächen-Analyse des Private- und des Public-Blockchain-Ansatzes, BestMasters, 1. Aufl., Wiesbaden 2020.

Michael Sachs/u.a.: Grundgesetz Kommentar, 9. Aufl., München 2021.

Stephanie Schiedermair (2007): Gefährden Wahlcomputer die Demokratie?, JZ 2007, 162–171.

Bruno Schmidt-Bleibtreu/u.a.: GG Kommentar zum Grundgesetz, 2022.

Ulrich Schmoch (1990): Wettbewerbsvorsprung durch Patentinformation: Handbuch für die Recherchenpraxis, 1990.

Wolfgang Schreiber : BWahlG – Kommentar zum Bundeswahlgesetz unter Einbeziehung des Wahlprüfungsgesetzes, des Wahlstatistikgesetzes, der Bundeswahlordnung, der Bundeswahlgeräteverordnung und sonstiger wahlrechtlicher Nebenvorschriften, Köln 2021.

Markus Schroer (2012): Räume, Orte, Grenzen: auf dem Weg zu einer Soziologie des Raums, 4. Aufl., Frankfurt am Main 2012.

Margit Seckelmann: Digitalisierte Verwaltung, Vernetztes E-Government, 2., Berlin 2019.

Spiecker/Bretthauer (2021): Die rechtliche Zulässigkeit einer Online-Wahl zur Sozialwahl.

Gerald Spindler (2016): Die neue EU-Datenschutz-Grundverordnung, DB 2016, S. 937–947.

J. Stember/u.a. (2021): Aktuelle Entwicklungen zum E-Government, 1. Aufl., Wiesbaden 2021.

Don Tapscott/Alex Tapscott (2018): Blockchain revolution: how the technology behind Bitcoin and other cryptocurrencies is changing the world, Updated edition with material on cryptoassets, ICOs, smart contracts, and more, 2018.

Christian Walter/Hermann Pünder/Klaus Ferdinand Gärditz (2013): Repräsentative Demokratie in der Krise?, Referate und Diskussionen auf der Tagung der Vereinigung der Deutschen Staatsrechtslehrer, 2013.

Martin Will (2008): Wahlcomputer auf dem verfassungsrechtlichen Prüfstand, CR 2008, 540–544.

Martin Will (2009): Wahlcomputer und der verfassungsrechtliche Grundsatz der Öffentlichkeit der Wahl, NVwZ 2009, 700.

Herbert Willems/Martin Jurga (1998): Inszenierungsgesellschaft, 1. Aufl., Wiesbaden 1998.

Heinrich Amadeus Wolff (2019): Online-Wahlen: Wird die Demokratie den Hackern geopfert?, KR 2019, S. 48.